Über dieses Buch

Neue Technologien in der Datenverarbeitung und -übertragung haben in den letzten Jahren die Grundlage für neue Arbeitsformen geschaffen. »Outsourcing«, »Core Competencies«, »Customizing«, »Telecommuting« sind Kennwörter einer neuen Unternehmenskonzeption. Sie orientiert sich nicht mehr an den zentralen Werten der Arbeitswelt, wie wir sie bisher kannten: Vollbeschäftigung, Arbeitsplatzsicherheit und Sicherung sozialer Netze werden bestenfalls völlig neu definiert oder sie verlieren ihre Funktion als oberste Ziele nationaler Wirtschaftspolitik. Der Wohnsitz wird zum Unternehmenssitz. Das Büro des neuen Selbständigen ist überall dort, wo er mit seinem Computer über die Telefonleitung auf die Daten-Autobahn gelangt.

Das Buch beleuchtet die sozialen, politischen und wirtschaftlichen Auswirkungen, Gefahren und Möglichkeiten der neuen Arbeitsformen. Der Autor ist kein Prophet, der die Vision einer schönen neuen Arbeitswelt malt. Es ist der Überblick über die Vielfalt der Veränderungen in der Arbeitswelt und ihrer Auswirkungen, der dieses Buch auszeichnet.

Der Autor

Peter Fischer, Dr. rer. pol., geboren 1946, lebt als freiberuflicher Unternehmensberater in Bremen und hat sich auf strategische Unternehmensplanung spezialisiert.

Fischer Wirtschaft

Herausgegeben von
Prof. Dr. Dr. h.c. Bert Rürup

Peter Fischer

Die Selbständigen von morgen

Unternehmer oder Tagelöhner?

Fischer
Taschenbuch
Verlag

Lektorat: Martin Rethmeier

Veröffentlicht im Fischer Taschenbuch Verlag GmbH,
Frankfurt am Main, Januar 1997

Lizenzausgabe mit freundlicher Genehmigung der
Campus Verlag GmbH, Frankfurt/Main

Satz: Fotosatz Otto Gutfreund GmbH, Darmstadt
Druck und Bindung: Clausen & Bosse, Leck
Printed in Germany
ISBN 3-596-13469-2

Gedruckt auf chlor- und säurefreiem Papier

Inhalt

Vorwort zur Taschenbuchausgabe

Die Zeiten ändern sich – das ist eine Binsenweisheit, daß sie sich aber so schnell ändern, ist schon erstaunlich. Telearbeit und besonders das Konzept des virtuellen Unternehmens waren zum Zeitpunkt, als dieses Buch geschrieben wurde, zumindest in Deutschland noch weitgehend unbekannte Begriffe. Heute ist Telearbeit schon fast etabliert, und über virtuelle Unternehmen wird nicht nur in Management-Zeitschriften und Büchern geschrieben, das Thema hat inzwischen den Weg auf die Titelseiten großer Zeitschriften gefunden. Was zu der Zeit, als die Vorarbeiten für dieses Buch durchgeführt wurden, sich als zukunftsträchtiges Konzept am Horizont der Diskussion abzeichnete, ist heute fast »main-stream«. So füllt heute die ausgedruckte Liste der Internet-Adressen, die sich mit europäischer Telearbeit befassen, bereits fünf Seiten und wächst wahrscheinlich noch weiter. Und doch, auch hier gilt: Nicht alles, was als »virtuelles Unternehmen« bezeichnet wird, ist bei genauerer Betrachtung auch eines. Unternehmen, besonders auch Berater und Anbieter von Dienstleistungen verwenden dieses Etikett schnell, auch wenn es sich dabei »nur« um Telearbeit, Outsourcing und anderweitige Kooperationen handelt.

Die Aussagen in diesem Buch über die Bedeutung des virtuellen Unternehmens als zukünftige Unternehmensform haben sich nicht geändert, zumal es meines Wissens das erste Mal war, daß ein Zusammenhang zwischen »Customizing«, also der Tendenz zur »industriellen Maßarbeit«, »Telearbeit«, »Selbstanstellung« und dem »virtuellen Unternehmen« dargestellt wurde und deshalb auch die absehbare Bedeutung dieser Organisationsform in der postindustriellen Wirtschaft begründet werden konnte.

Die erste Ausgabe dieses Buches ist mit viel Lob bedacht worden, über das ich mich natürlich freue. Wenn es kritische Anmerkungen gab, dann auf zwei Gebieten. Erstens wurde bedauert, daß ich mich zu sehr auf amerikanische Verhältnisse bezog, bei den Beispielen und auch den angeführten Statistiken. Der Grund dafür war jedoch einfach: Zu dieser Zeit war dieses Konzept in Deutschland praktisch unbekannt, aber das hat sich inzwischen stark geändert. Wenn es damals veröffentlichte »deutsche« Zahlen gegeben hätte, hätte ich sie auch gerne verwendet. Inzwischen gibt es zwar einige Untersuchungen und damit auch Zahlen auf diesem Gebiet, besonders was das Selbständigmachen betrifft, das Gewicht der Untersuchungen liegt aber immer noch auf den »klassischen« Existenzgründungen und nicht auf dem selbstangestellten Telearbeiter. Die amtliche Statistik hat jedoch immer noch nicht viel zu bieten; die »Selbstangestellten«, also die neuen Selbständigen, sind keine eigene statistische Untersuchungseinheit – noch nicht.

Eine andere, kritische Frage ist, ob und in welchem Umfang ein Autor eine von ihm prognostizierte Entwicklung politisch und moralisch bewerten soll. Solange noch ein Gestaltungsfreiraum für individuelle und politische Maßnahmen besteht, sollte sich nach meiner Ansicht ein Autor eines Sachbuches mit seinen eigenen Kommentaren zurückhalten und nicht als politisch-korrekter Besserwisser auftreten, und er sollte es seinen Lesern überlassen, sich ein eigenes Urteil zu bilden.

Eine häufig in Diskussionen gestellte Frage zur Zukunft der Selbstangestellten war: »Bedeutet Ihre Vision vom in virtuellen Unternehmen telearbeitenden Selbstangestellten nicht eine Rückkehr zum Manchester-Kapitalismus?« Die Antwort ist: Es ist nicht »meine« Vision, auf jeden Fall nicht in der Weise, daß ich persönlich diese Welt herbeisehne. Die Frage, ob es sich bei den neuen Arbeitsformen um eine Rückkehr zu frühkapitalistischen Verhältnissen handelt, wird von mir allerdings diskutiert (und verneint). Die sich damals erst abzeichnende Entwicklung zum selbstangestellten Telearbeiter hat sich verfestigt, und es ist zu erwarten, daß unsere Verhältnisse sich weiter in die vorhergesagte Richtung ändern werden. Wie sich diese

Entwicklung auf unser Leben auswirken wird, ist spekulativ und zu diesem Zeitpunkt auch noch weitgehend gestaltungsfähig. Politik, Wirtschaftsverbände und besonders auch die Gewerkschaften haben es noch in der Hand; viele Weichen sind noch nicht gestellt.

Wenn man sich jedoch die derzeitigen Tendenzen auf diesen Sektoren in Deutschland ansieht, kann man nur bedingt optimistisch sein. Alle wichtigen Strukturen, Institutionen und Organisationen sind Produkte der ausklingenden Industriegesellschaft, aus der sie ihre Machtbasis beziehen. Es besteht deshalb in der Politik und bei den Verbänden die weitverbreitete Hoffnung, diese alten Strukturen möglichst unbeschadet in die postindustrielle Welt hinüberzuretten, nach dem Motto: »Wir wären ja gerne fortschrittlich, wenn sich nur nicht so viel ändern würde.«
Die derzeitige Sozialversicherung und ihre Bremserfunktion ist ein zentrales Problem; es wird in dem vorliegenden Buch dargelegt, daß sie in der postindustriellen Welt mit einem wachsenden Anteil an Selbstangestellten nur in einer neuen, reduzierten Form bestehen kann. Inzwischen hat sich diese erwartete Krise weiter verschärft, aber immer noch wird vielfach nicht erkannt oder zugegeben, daß es sich um ein fundamentales, strukturelles Problem handelt, das nicht durch einen Wirtschaftsaufschwung beseitigt werden kann. Doch auch auf diesem Gebiet zeigen sich neue Ansätze, beispielsweise das »Bürgergeld« und ähnliche Konzepte.

Die Diskussionen um die neuen Arbeits- und Unternehmensformen zeigen jedoch, daß die etablierten Organisationen nicht homogen sind und es überall, zum Teil verdeckte, Richtungskämpfe gibt. Man kann deshalb nicht pauschal von dieser oder jener Organisation sagen, wer für und wer gegen diese Entwicklung kämpft. Es stehen überall die Konservativen, welche die Strukturen der Industriegesellschaft retten möchten, gegen die fortschrittlichen Realisten, denen klar ist, daß die Entwicklung zu einer neuen Arbeitswelt und damit auch einer neuen, postindustriellen Gesellschaft unvermeidlich ist und daß die Gestaltungschancen genutzt werden müssen, solange sie noch gegeben sind.

Peter Fischer, Oktober 1996

Vorwort

»Eine ganze Menge mehr von uns werden für Honorar statt für Gehalt arbeiten. Was man sieht, ist das Ende von Arbeit als einer Art Ehe.«

Laurel Cutler, Marketing-Direktor[1]

Ein Zeitalter geht zu Ende, ohne daß viele von uns es richtig bemerkt haben. Die Art, wie wir arbeiten und auch wo wir arbeiten, und damit unsere Gesellschaft und unser Lebensstil sind dabei, sich grundlegend zu verändern.

Leitwörter wie »Customizing«, »Core Competencies«, »Outsourcing«, »Telecommuting« und »Virtual Corporation« erscheinen fremd und bedrohlich; was bedeuten sie, welche Zusammenhänge bestehen zwischen ihnen?

Der Gedanke, ein Buch über den Themenkreis »Selbstangestellte«, »Working-From-Home«, »Virtuelle Unternehmen« zu schreiben, entstand aus meiner eigenen beruflichen Situation heraus und begann vor einigen Jahren mit dem Anschluß eines Modems an meinen PC.

Die Bedeutung des Modems für die Datenverarbeitung ist vergleichbar mit der des Briefes für das geschriebene Wort. Erst dadurch, daß Informationen bewegt werden, daß es einen Absender und einen Empfänger gibt, wird die Information zur Nachricht. Vor der Verbreitung der Datenübertragung zwischen Peronalcomputern über die Telefonleitung waren die einzelnen Geräte mehr oder weniger leistungsfähige Inseln, die Daten beherbergten und diese verarbeiten konnten. Erst die Übertragung von Daten und gespeicherten Informationen schuf eine neue Welt, die unter dem futuristischen Begriff »Cyberspace« bekannt ist.

Für den einen, noch kleineren Teil von uns ist dieses Land eine zweite Heimat geworden, wo wir unsere Informationen finden, Nachrichten austauschen, unsere Meinung äußern, Reisen buchen, Geld überweisen – und immer häufiger auch arbeiten. Cyberspace ist dagegen für viele andere ein fremdes, unbekanntes und auch oft bedrohliches Land. Es ist die Angst vor der Maschine, die denkt, die eventuell klüger ist als man selbst und die dem Menschen seine Arbeit nimmt und ihn überflüssig macht.

Der Online-Zugang zu Informationsquellen, Datenbanken, Zeitschriftenartikeln, Diskussionsforen, durch die Vernetzung mit anderen Rechnern eröffnet nicht nur neue Informationsquellen, sondern eine neue Welt. »Cyberspace« wurde zugänglich. In einschlägigen Foren bei CompuServe wird deutlich, wie sehr die Zukunft schon begonnen hat, und wie so häufig lag der Ursprung der Neuerung in den USA. Nicht nur die schon gegenwärtige Bedeutung dieser Arbeitsform rechtfertigt es, sich näher mit ihr zu beschäftigen, sondern viel mehr noch die Tatsache, daß es sich um eine Arbeitsweise handelt, welche völlig den technischen Entwicklungen der letzten 20 Jahre entspricht und von größter Bedeutung für unsere wirtschaftliche und soziale Zukunft sein wird.

Neue Produktionsweisen bringen neue Formen der Arbeitsorganisation hervor, die ihrerseits unser alltägliches Leben nachhaltig verändern. Viele altbekannte Aspekte von Arbeit und Leben aus der vorindustriellen Zeit kehren im High-Tech-Gewand wieder, das Motto lautet: »Rückwärts blickend in die Zukunft« (Davidow/Malone).

Das vorliegende Buch soll die Analyse dort fortführen, wo Davidow und Malone mit ihrem Buch »Das virtuelle Unternehmen«[2] aufgehört haben. Dort wurde im wesentlichen das Virtuelle Produkt dargestellt und die Besonderheiten seiner Produktion. Dieses Thema wird hier wiederaufgegriffen, neue, überarbeitete Definitionen des Virtuellen Produkts und der Virtual Corporation werden vorgestellt. Das Hauptthema dieses Buches aber ist die neue Arbeits- und Lebenswelt des Selbstangestellten, der von seiner Wohnung als Arbeitsplatz in Virtual Corporations mitwirkt, so wie sie sich aus diesen neuen Konzepten ergeben.

Wie wird eine Welt aussehen, in der eine solche Arbeitsweise nicht mehr die Ausnahme, sondern die Regel ist? Werden wir wie Tagelöhner in Computernetzwerken umherziehen und nach Arbeit und Einkommen für den nächsten Tag suchen?

Es ist meine Absicht, die Zusammenhänge zwischen »Customizing«, »Schnelligkeit«, dem »Virtuellen Produkt«, der »Virtual Corporation«, den »Selbstangestellten«, dem »Telecommuting« und dem Trend zum »Working-From-Home« deutlich zu machen. Es handelt sich hierbei um Erscheinungen, die in unserer neuen Informationstechnologie ihren Ursprung haben und in sich eine logische Entwicklungskette darstellen. Wir werden deshalb von dieser Entwicklung, die nicht weniger als die »postindustrielle Revolution« ist, eher direkt als indirekt betroffen sein.

Der Leser wird sehen, daß eine neue Arbeits- und Sozialwelt im Entstehen ist und es darauf ankommen wird, die Rahmenbedingungen für diese neue Welt zu schaffen und nicht zu versuchen, Strukturen aus einer vergangenen Zeit zu retten.

Eine Schwierigkeit beim Schreiben über ein komplexes und auch neues Gebiet ist, daß das Thema irgendwie gegliedert werden muß und alle Aussagen an einer Stelle des Buches plaziert werden müssen. Diese Eindimensionalität des herkömmlichen Schreibens bewirkt, daß Gedanken nur an einer Stelle, zu einem Zeitpunkt angebracht werden, es sei denn, man möchte sich dauernd wiederholen. Viele Aussagen und Ideen hätten an einer anderen Stelle des Buches genausogut ihre Berechtigung gehabt. Es bleibt deshalb wie immer dem Leser letztlich nichts anderes übrig, als das Buch von Anfang bis Ende zu lesen.

Das Ziel dieses Buches ist zum einen Information, zum anderen soll Mut zur Spekulation aufgebracht werden. Das Buch soll interessant sein, es soll kritisch sein, und es soll Anstöße liefern, wie zukünftige Probleme bewältigt werden können. Ich hoffe dabei, daß es sich nicht nur um einen Beitrag zur allgemeinen politischen und gesellschaftspolitischen Debatte handelt, sondern daß dieses Buch auch den Leser ermutigt, bei seiner Lebensplanung neue Wege zu beschreiten. Immer mehr drängt sich bei vielen die Erkenntnis auf, daß die bisherigen Institutionen, die für uns die lebenswichtigen Entscheidungen gefällt haben, nicht in der Lage sind, gesellschaftliche Probleme, die letzten Endes unsere Probleme sind, zu lösen. Nur eine mutige Lebensplanung und der entschlossene Wille, sein Schicksal selbst zu gestalten, werden uns aus der oft lähmenden Umklammerung dieser Institutionen befreien.

Ein Buch über ein solches Thema kann nicht vollständig sein. Leider war es nicht möglich, Aktualität und Vollständigkeit in dem Maße miteinander in Einklang zu bringen, wie ich es mir gewünscht hätte. Es war weder meine Absicht, ein wissenschaftliches Buch im herkömmlichen Sinn zu schreiben, noch ein gelehrtes oder philosophisches Werk – schon eher ein Stück politischer Ökonomie. Die interessantesten Informationen und Anregungen kamen von Online-Diskussionen, Newsletters und Nachrichten aller Art, wie sie in Cyberspace anzutreffen sind. Ein Literaturverzeichnis der herkömmlichen Art ist daher nicht sehr sinnvoll, zumal es praktisch keine Literatur über dieses Thema gibt und man sich Hinweise auf Literatur über klassisches Management und ähnliches leicht anderweitig besorgen kann. Hinweise für die Zunahme der beruflichen Selbständigkeit, der Notwendigkeit von neuen Organisationsformen usw. gibt es in Fülle, eine Auflistung von solchen Fundstellen wäre unergiebig und langweilig, ich habe deshalb darauf verzichtet. Literatur zum Thema dieses Buchs: »Selbstangestellte in Virtual Corporations« ist mir nicht bekannt.

In gewisser Weise ist dieses Buch Science-fiction, denn es ist eine Verbindung von Tatsachen, Trends und Spekulationen. Besonders der Mut zu Spekulationen ist nötig, um Aussagen zu wagen zu den Fragen »Wie wird es sein?« und damit auch »Wie wird die Zukunft mein Leben verändern?«, die von allgemeinem Interesse sind. Es ist zwar bequem und hat auch eine wissenschaftliche Tradition, diesen Fragen auszuweichen, weil sie eben nicht »wissenschaftlich« sind, ich meine aber, daß versucht werden sollte, diese Fragen zu beantworten.

Das Thema dieses Buches ist im deutschen Sprachraum bisher kaum behandelt worden, viele wichtige Begriffe gibt es deshalb bisher nur in Englisch. Ich habe sie mit wenigen Ausnahmen nicht übersetzt und im »Urzustand« belassen, um einheitliche, international verwendete Begriffe zu erhalten und nicht durch Übersetzung Begriffsverwirrung zu erzeugen. Eine wesentliche Ausnahme ist der Begriff »self-employed«, den ich mit der Neuschöpfung »selbstangestellt« übersetzt habe. Der deutsche Ausdruck »selbständig« hat eine etwas andere Bedeutung und gibt außerdem nicht so gut wieder, daß es sich um die selbständigen Nachfolger der bisherigen Angestellten handelt.

Auch bei diesem Buch ist das alte Problem der deutschen Sprache deutlich geworden, die alle Begriffe einem bestimmten Geschlecht zuordnet und es dadurch praktisch unmöglich macht, einen lesbaren Text politisch korrekt zu verfassen. Ich bitte alle LeserInnen um Verständnis.

Bei dieser Gelegenheit möchte ich mich bei allen bedanken, die mich bei diesem Buch unterstützt haben – oder mich nicht gestört haben. Besonders möchte ich mich bei Herrn Montasser, meinem Agenten, bedanken, der die Realisierung dieses Projektes erst ermöglicht hat.

Die Faktoren

Vorbemerkung

Es sind bei einem grundlegenden Wandel immer zwei Gruppen von Faktoren notwendig: die Gründe, die ihn erforderlich machen, und die Mittel, die ihn möglich machen.

Den Wandel in unserer Arbeitsform haben im wesentlichen folgende Faktoren erfordert:

- die zentrale Bedeutung des Faktors Zeit
- die Steigerung der Transportkosten
- die Veränderungen in der Bevölkerungsstruktur
- der Wertewandel in der modernen Gesellschaft

Die Faktoren. die den sich abzeichnenden Wandel in unserer Arbeits- und Lebenswelt jedoch erst möglich machen, sind die neuen technischen Errungenschaften:

- elektronische Datenverarbeitung
- elektronische Datenübertragung
- Telekommunikation

Die technischen Möglichkeiten

Elektronische Datenverarbeitung

Datenverarbeitung, das heißt, Informationen umzuwandeln, vom gesprochenen zum geschriebenen Wort, sie aufzuzeichnen, zu speichern und zu transportieren, ist so alt wie die menschliche Zivilisation, sie ist überhaupt eines der wesentlichen Merkmale einer Zivilisation schlechthin. Schreiben und Rechnen sind Datenverarbeitung, Botendienste und die Post sind Mittel der Datenübertragung.

Die Geschichte der Datenverarbeitung läßt sich grob in drei Phasen aufteilen: Die erste Phase begann vor mehr als 5000 Jahren im Orient mit der Entwicklung der Schrift, die nächste Phase mit der Einführung des Buchdrucks, in Europa vor ca. 500 Jahren, die dritte und letzte Phase mit der elektronischen Speicherung, Verarbeitung und Übertragung von Information. Diese letzte Entwicklung begann erst vor ca. 50 Jahren, der Fortschritt auf diesem Gebiet ist nur als atemberaubend zu bezeichnen.

Einzelheiten zu diesem Vorgang sind unter anderem bei Davidow/ Malone ausführlich und beeindruckend beschrieben. Zusammenfassend kann man sagen, daß sich die wichtigsten Parameter auf diesem Sektor bisher alle zwei Jahre verdoppelt haben, ein Phänomen, das als »Moores Gesetz« bekannt ist. Es beschreibt letztlich eine leidige Erfahrung, die schon viele gemacht haben, nämlich daß alle Investitionen im EDV-Bereich schon veraltet sind, sobald sie getätigt werden.

Zum Beispiel hat von dem ersten Tandy TRS 80 II, der mein Büro schmückte, mit seinem 8-Zoll-Laufwerk und mit einigen KB Diskettenkapazität, zu den heutigen Personalcomputern eine Entwicklung stattgefunden, die zwar nur zehn Jahre gedauert hat, aber sicherlich wesentlich umfangreicher war als die Entwicklung im Automobilbau der letzten 60 Jahre.

Eine entsprechende Entwicklung trifft auch auf die Anwendungsprogramme zu, die das neue technische Potential bisher zwar nur teilweise ausnutzen, aber dennoch einen Umfang an Komfort und Einsatzmöglichkeiten aufweisen, an den man vor zehn Jahren kaum gedacht hat, geschweige denn ihn als realisierbar betrachtet hätte.

Datenübertragung

Für die neuen Entwicklungen im Bereich der Art, wie wir unsere Arbeit organisieren werden, sind neben den Möglichkeiten der elektronischen Datenverarbeitung besonders die Fähigkeiten, EDV-Geräte vernetzen und Daten über große Entfernungen übertragen zu können, von Bedeutung, sei es in »Local Area Networks« (LANs) oder in »Wide Area Networks« (WANs).

Erst diese Fähigkeit zur schnellen Datenübertragung über weite Entfernungen ist die Grundlage für die neuen Organisationsformen der vor uns liegenden wirtschaftlich-technischen Entwicklungsphase. Von und nach jedem beliebigen Ort, der telefonisch erreichbar ist, können Daten übertragen werden, wobei die Leistungsfähigkeit der Übertragungsmedien ständig steigt.

Das neue Schlagwort ist der »Information-Highway«, den es aufzubauen und zu kontrollieren gilt. Nur Gesellschaften, welche über diese Informationskanäle verfügen, werden auch die neuen Organisationsformen der Informationsgesellschaft hervorbringen können.

Datenübertragung wird das Big Business der nächsten Zukunft. Telekommunikation, besonders die Übertragung von Daten aller möglichen Medien, ist die wirtschaftlich-gesellschaftliche Aufgabe der kommenden Zeit, sie setzt die frühere Erschließung durch Telegraph und Telefon weiter fort.

Die Kosten der Datenübertragung sind derzeit zwar noch hoch, so daß ein dauernder Online-Anschluß eines externen Arbeitsplatzes über eine Postleitung meist nicht wirtschaftlich sinnvoll ist, aber dies wird sich gemäß Moores Gesetz bald ändern. Die Übertragungskanäle werden ständig leistungsfähiger und ihre Nutzung, bedingt durch die steigende internationale Konkurrenz der Übertragungsanbieter, auch billiger. Der Bedarf an Übertragungskapazität kann auch durch eine leistungsfähige Software ganz wesentlich verkürzt werden.

Die Verteuerung des Transports

Autofahren, aber auch die öffentlichen Verkehrsmittel werden immer teurer. Fahrtkosten werden im geschäftlichen und privaten Budget ein immer größerer Faktor. »Mal eben« irgendwo hinzufahren wird auch immer stärker zu einer Kostenfrage. Ernst zu nehmende Bestrebungen, den Benzinpreis auf fünf DM pro Liter zu erhöhen, lassen unsere jetzige Lebens- und Arbeitsweise kaum noch als bezahlbar erscheinen.

Der Umstieg auf öffentliche Verkehrsmittel wird nicht die erhoffte Lösung der bedrohlichen Umweltprobleme sein. Zum einen werden auch diese ständig teurer und bieten zum anderen nur in Ausnahmefällen die Mobilität, die im heutigen Wirtschaftsleben (und Freizeitleben) erwartet wird. Sollten die alarmierenden Ergebnisse über den schlechten Zustand unserer Erdatmosphäre zutreffen und die düsteren Prognosen sich bewahrheiten, werden solche Maßnahmen einfach zu spät kommen. Die erhebliche Zeit, die sie von der Planung bis zu ihrer Durchführung beanspruchen, und noch die zusätzliche Zeit, bis sie eine Verhaltensumstellung bewirken, lassen zusammen mit der Tatsache, daß auch diese Investitionen sehr viel Energie für ihre Durchführung verbrauchen, alle solche Pläne zwar als gut gemeint, aber zu spät erscheinen. Die gegenwärtige Situation ist mit der eines Reisenden vergleichbar, der fünf Minuten vor dem Start seines Flugzeugs 20 km vor dem Flughafen im Stau steht und sagt: »Jetzt muß ich mich aber beeilen!« Vielleicht sollte er schon anfangen, sich neue Reisepläne zu überlegen.

»Transport und Verkehr sind nur noch teilweise lenkbar, bewirken steil ansteigende Kosten, belasten die Umwelt und münden in Auflagen. Die Mobilität der Gesellschaft, Teil der individuellen Freiheit, wird langsam, aber stetig begrenzt.«[3] Eine Lösung des Problems »Massenmobilität« ist nicht in Sicht. So braucht man doppelt soviel Gleise und Züge, um auch nur 100 % des Autoverkehrs auf die Bahn zu verlagern.[4] Zu einem ähnlichen Ergebnis kommt auch eine Studie von Prognos Basel, wonach der Anteil der Bahn am Güterverkehr im Jahr 2000 von 18,5 auf 19,5 % steigen könnte. Das wäre schon eine absolute Steigerung um 50 % und würde eine gewaltige organisatorische und finanzielle Aufgabe darstellen.

Armin Ziegler schreibt in der Zukunftsstudie »Deutschland 2000« zu diesem Thema: »Alle (vorher beschriebenen) Maßnahmen ... werden nicht reichen, um schon vor 2000 den Verkehrsinfarkt mit seinen Stauzonen und die Parkprobleme zu lindern. Auch wird die weit überwiegende Mehrheit der Berufstätigen weiterhin ihren täglichen Weg zu und von der Arbeit im eigenen Wagen zurücklegen. Die Zahl nimmt nur langsam ab.«[5]

Es ist wichtig, sich dieser Zahlen zu erinnern, wenn zum Beispiel einerseits die mögliche Einsparung von 5 % des Berufsverkehrs durch neue Arbeitsformen wie Telecommuting oder ähnliches als unbedeutend abqualifiziert wird, andererseits aber eine verstärkte Verlagerung des Berufsverkehres von der Straße auf die Schiene gefordert wird. Das gleiche gilt für die gelegentlich propagierte Art ökonomischer Zwangsumsiedlung von Pendlern in die Metropolen hinein, um den Autoverkehr der Berufspendler zu vermeiden, ein Konzept, das den Umsiedlungsplänen von autoritären Regimen bedenklich ähnlich sieht.

Nach Erhebungen des Statistischen Bundesamtes brauchten 1991 rund 5,4 Millionen Berufspendler täglich zwischen ein und zwei Stunden, um über ihre Gemeindegrenze hinweg zu ihrem Arbeitsplatz zu kommen, 1,36 Millionen Menschen brauchten täglich sogar mehr als zwei Stunden.

Rechnet man die tägliche Anfahrt zu der Arbeitszeit hinzu, so verlängert sich der Arbeitstag damit häufig um drei bis vier Stunden. Dazu kommen noch die erheblichen Kosten, sowohl die direkten Fahrtkosten als auch die sozialen und ökologischen Kosten, welche durch diese Fahrten entstehen.

Es ist dabei in vielen Fällen mehr als zweifelhaft, ob diese Fahrten von der Sache her notwendig und ökonomisch vertretbar sind. Einerseits verringert sich der Stundenlohn ganz erheblich, wenn man die Fahrzeit und die für die Fahrt notwendigen Aufwendungen berücksichtigt, andererseits erhöhen sich die Kosten der Unternehmer pro Arbeitsstunde, wenn man die Aufwendungen für einen Büroarbeitsplatz berücksichtigt.

Ein Arbeitnehmer in einem strukturschwachen Gebiet, der täglich vier Stunden oder noch länger zu seiner Arbeit fahren muß, könnte seine tägliche Arbeitszeit in der Nähe seines Wohnorts mit zehn Stunden bei gleichem Lohn anbieten und würde dabei noch zwei Stunden täglich mehr zu seiner eigenen Verfügung haben. Für viele Unternehmen wäre aber schon ein um eine Stunde längerer Arbeitstag sicher ein hinreichender Anreiz, dort an einem strukturschwachen Standort zu investieren.

Das Problem der Umweltbelastung durch den Straßenverkehr kann im wesentlichen nur dadurch gelöst werden, daß er nach Möglichkeit vermieden wird. Dies ist beispielsweise in starkem Maße dadurch möglich, daß die Fahrten zum und vom Arbeitsplatz wegfallen, desgleichen zahlreiche Vertreterbesuche, Konferenzbesuche und die vielen Fahrten zu Tagungen, Kongressen und Ausbildungsveranstaltungen aller Art. Die technischen Möglichkeiten dazu sind bereits vorhanden und werden in nächster Zukunft so weit fortentwickelt sein, daß sie wirtschaftlich vertretbar eingesetzt werden können. Nach einem Bericht des *European*[6] hat eine Studie des Conference Board of Canada ergeben, daß der Einsatz von Videokonferenzen, zusammen mit Fax und E-Mail, den Umfang der Geschäftsreisen um 25 % reduziert hat. Für die Reise- und Hotelbranche ist dies einerseits eine unerfreuliche Aussicht, andererseits aber auch eine neue Geschäftsmöglichkeit, Videokonferenzen zu organisieren.

Nur die Vermeidung von Fahrten ist eine realistische Strategie, die Umweltbelastung durch Abgase zu verringern, denn der Umstieg vom Auto auf die Schiene ist nicht in dem Maße machbar, wie es für eine nennenswerte Entlastung notwendig wäre, und ähnliches gilt für andere Strategien.

Bevölkerungsentwicklung

Die größte und auffälligste Veränderung auf dem Arbeitsmarkt ist die seit etwa 1970 starke Zunahme des Anteils von arbeitenden Frauen. In den USA hatten 1960 beispielsweise nur 28 % der verheirateten Frauen mit Kindern eine bezahlte Arbeit, 1984 waren es nach einer Untersuchung des Hudson Institute bereits 61 %. 1991 arbeiteten etwa 60 % aller amerikanischen Mütter mit Kindern unter sechs Jahren, das waren etwa doppelt so viele wie 1970.[7]

Anfangs war die Anzahl dieser Frauen noch so gering, daß sie keine Änderungen in den Arbeitsbedingungen erzwingen konnten. Aber neben der Tatsache, daß immer mehr Frauen arbeiteten, stellten diese Frauen auch neue Anforderungen an die verstärkte Mitarbeit ihrer Männer im häuslichen Bereich. Das bedeutete, daß sowohl Männer als auch Frauen neue Arbeitsformen brauchten, um ihre berufliche Arbeit mit ihren häuslichen und familiären Verpflichtungen besser in Einklang bringen zu können. Die Forderung nach flexibleren Arbeitsbedingungen ging von den Frauen aus, sie wird aber inzwischen immer mehr auch von den männlichen Arbeitnehmern unterstützt, die gleichfalls von dieser Flexibilität profitieren wollen.

Eine weitere wichtige demographische Entwicklung ist außerdem, daß die Arbeitsbevölkerung immer älter wird. In den USA wird die Anzahl der 16- bis 24jährigen bis zum Jahr 2000, bezogen auf 1988, um etwa 2 Millionen Arbeitnehmer sinken, das Durchschnittsalter der Arbeitsbevölkerung wird sich in allen Industrienationen erhöhen.

Es ist zwar allgemein bekannt, daß der Altersaufbau der Bevölkerung in den westlichen Industrieländern sich zu einem höheren Durchschnittsalter hin verschiebt, bevor wir jedoch alle ein Volk von Rentnern sein werden, bewegt sich die Generation der »Baby-Boomer« auf ihrem langen Marsch durch die Alterspyramide. Es wird noch gut zehn Jahre dauern, bevor die »Baby-Boomer« in Rente gehen, und so lange werden sie noch zum aktiven Teil der Erwerbsbevölkerung gehören und noch eifrig zum Sozialprodukt beitragen – wenn man sie läßt.

In Deutschland wird sich der Anteil der 25- bis 55jährigen an der Gesamtbevölkerung von etwa 43 % (Stand 1989) auf etwa 45 % im Jahr 2000 erhöhen und dann im Jahr 2010 auf 42 % sinken. In diesem Jahr wird dann die Anzahl der über 65 Jahre alten Deutschen mit geschätzten 16 Millionen zum ersten Mal die Zahl der unter 15jährigen von 10,5 Millionen deutlich übertreffen.

Eine weitere Gruppe der Arbeitsbevölkerung, die Interesse an neuen Arbeitsformen hat, sind erwartungsgemäß die jungen Menschen. Sie sind mit den neuen Kommunikations- und Arbeitsmitteln vertraut, sie sind flexibel und, nachdem sie erfahren haben, wie wenig gesichert eine Zukunft in einem herkömmlichen Unternehmen ist, weniger loyal zu ihrem Arbeitgeber und eher bereit, eine neue, selbständigere Arbeitsform zu versuchen. Sie schreckt es nicht, von ihrer Wohnung aus in einer Virtuellen Firma zu arbeiten.

Auch jetzt schon steigt der Anteil der über 60jährigen an der Bevölkerung kontinuierlich an, und gleichzeitig sinkt das durchschnittliche Renteneinstiegsalter. Das Ziel der sozialen Sicherung war ursprünglich, daß die Arbeiter und Angestellten nicht bis zu ihrem letzten

Lebenstag arbeiten mußten. Inzwischen hat sich der Normalfall dahin entwickelt, daß die ehemals Berufstätigen die letzten zwanzig Jahre ihres Lebens im Ruhestand verbringen. Gleichzeitig bleiben diese Rentner länger physisch und psychisch jung, sie reisen, treiben Sport, und eine 80jährige Tennisspielerin ist auch nicht unbedingt mehr das Weltwunder, das sie einmal war. Ein 70jähriger heute ist sowohl physisch als auch psychisch mit einem 60jährigen von vor dreißig Jahren zu vergleichen.

Es bauen sich durch diesen langen Zeitraum von »Senioren-Arbeitslosigkeit« große wirtschaftliche und soziale Probleme auf. Zum einen müssen diese Menschen in ihrer speziellen Freizeitgesellschaft versorgt werden, zum anderen müssen auch die ständig steigenden medizinischen Ansprüche befriedigt werden.

Ein Kennzeichen unserer derzeitigen Arbeitswelt ist, daß voll arbeitsfähige, motivierte und häufig gut qualifizierte Menschen spätestens ab dem 50. Lebensjahr nicht mehr als vermittelbar für eine feste Arbeitsanstellung gelten. Dies geschieht zu einer Zeit, wo von der Besatzung einer Raumfähre, welche die wichtigste NASA-Mission seit Jahren ausführte (die Reparatur des Hubble-Teleskops), die meisten Mitglieder deutlich über vierzig Jahre alt waren und der Leiter der Mission schon in den 50ern war. Auf der Erde wären diese Menschen von den meistens Personalchefs wohl nicht mehr eingestellt worden.

Es ist aber abzusehen, daß sich der Trend zum frühen Ruhestand umkehren wird. Eine Studie der Hermann Miller Inc., Grand Rapids, mit dem Titel »Ageing Workers in the Office« ergab, daß Unternehmen von der Praxis abgehen werden, keine älteren Arbeitnehmer einzustellen, weil sie sonst nicht genug erfahrene Mitarbeiter bekämen. Um aber diese älteren Arbeitnehmer zu gewinnen, muß verstärkt auf deren häufige körperliche Beeinträchtigungen Rücksicht genommen werden, zum Beispiel eingeschränkte Beweglichkeit sowie verminderte Seh- und Hörfähigkeit. Auch diese Faktoren werden eine Zunahme neuer Arbeitsweisen mit sich bringen. Gleiches gilt auch für die Beschäftigung von Behinderten.

Es ist kaum vorstellbar, daß auch in Zukunft Menschen mit 60 Jahren aus dem Arbeitsleben ausscheiden werden und dann von dem immer kleiner werdenden Teil der arbeitenden Bevölkerung versorgt werden. Was immer auch jetzt von politischer Seite gesagt wird, um die zahlenmäßig immer größere Wählergruppe der älteren Menschen sowie auch aller derzeitigen Einzahler in dieses System zu beruhigen, das Rentensystem, so wie es jetzt existiert, wird weder politisch noch wirtschaftlich durchzuhalten sein, wir werden alle wesentlich länger arbeiten müssen, wenn auch nicht in derselben Weise und im selben Beruf wie bisher.

Es wird wirtschaftlich und gesellschaftlich notwendig sein, daß besonders im späteren Lebensabschnitt eine graduelle Absenkung des Arbeitseinsatzes erfolgt. Dies wird am besten durch eine Arbeit von zu Hause aus und als Selbstangestellter erfolgen. Die Möglichkeiten für eine solche Arbeitsgestaltung sind sehr vielfältig, und es soll später noch ausführlich darauf eingegangen werden.

Wertewandel

Gleichzeitig mit dem technischen Wandel findet auch ein Wandel in der Grundeinstellung der Bevölkerung der Industriestaaten statt. *Time* spricht von einer »Revolution, eine, die in den Häusern und Nachbarschaften und Amtsstuben stattfindet«.[8]

Enttäuscht über die Leistungen von Politikern, Verwaltung und Gewerkschaften, fragen sich immer mehr Bürger, ob sie nicht besser ihr Schicksal mehr in die eigene Hand nehmen. Immer stärker setzt sich die Einsicht durch, daß auch bei Politik und Verwaltung von »nichts nichts kommt«, daß erst weggenommen wird, damit man es später abzüglich Verwaltungskosten wiederbekommt. In praktisch allen Industrieländern einschließlich Japan, aber nicht nur in diesen, ist das Ansehen von Politikern dramatisch gesunken.

Immer mehr Menschen fragen sich inzwischen, ob wirklich das abhängige Beschäftigungsverhältnis die einzig erstrebenswerte wirtschaftliche Lebensform ist, warum die eigene Alterssicherung eine öffentliche Aufgabe ist und warum man beispielsweise nicht entscheiden kann, wie man seine soziale Absicherung gestalten will.

Der fundamentale Trend in der Einstellung der Bevölkerung in den

90er Jahren ist, daß man verstärkt für seine eigene Lebensgestaltung selbst verantwortlich sein will, teils freiwillig, teils unfreiwillig. Viele haben gesehen, daß die versprochene Sicherheit ausgeblieben ist, daß die von den Politikern übernommenen Aufgaben nur größere Steuerlasten erfordern und dadurch den eigenen Entscheidungsspielraum in einer Weise einengen, die immer mehr als unerträglich angesehen wird.

»Verantwortlichkeit ist das Schlüsselwort der 90er«, schreibt *Time*. Dieser Trend zur Selbstbestimmung veranlaßt immer mehr Menschen dazu, sich aus dem Zwangssystem beruflicher Abhängigkeit zu verabschieden. Bei einer Befragung 1994 in den USA bekundeten 80 % ein starkes Vertrauen in die eigenen Fähigkeiten, immerhin eine Steigerung um 8 % gegenüber dem Vorjahr und weit mehr, als Vertrauen in die Fähigkeiten von Politikern besteht.

In der Politik hat es der immer stärker werdende Einfluß von Interessengruppen auf die Politiker mit sich gebracht, daß immer stärker die Sonderinteressen bestimmter Gruppen aus den Einkünften der Allgemeinheit bezahlt werden. Dies hat zu einem sich selbst verstärkenden Trend geführt, daß immer mehr Gruppen und einzelne Bürger immer größere Anforderungen an den Staat stellen. Dabei bedeutet es für den einzelnen nur wenig, daß letztlich alles durch Steuern und Abgaben bezahlt wird, denn wer bei diesem großen Umverteilungsspiel nicht mitmacht, darf nur bezahlen und bekommt nichts.

Für Politik und Verwaltung bedeutet dieses Spiel jedoch die Grundlage ihrer Existenz, ihre Macht beruht auf dem Geld der Steuerzahler, denn »wer bezahlt, schafft an«.

Bei immer mehr Menschen in den Industrienationen setzt sich die Erkenntnis durch, daß sie ihre Lebensgestaltung in die eigenen Hände nehmen müssen, wenn sie nicht auf der Strecke bleiben wollen. Frauen sind daher zusammen mit anderen Gruppen, die lange von der Hilfe des Staates abhängig waren, auch die Vorreiter der Working-From-Home-Bewegung.

Big Government ist am Ende, immer mehr Bürger haben zu Recht den Eindruck, daß sie es zwar selbst sind, die zahlen, aber daß sie für ihr eigenes Geld noch »Danke« sagen müssen. Bezeichnenderweise gewinnt dadurch die Lokalpolitik an Bedeutung, die Menschen wollen unmittelbar auf die sie selbst betreffenden Entscheidungen Einfluß nehmen. Wer als Politiker diesen Trend nicht versteht, hat nichts verstanden.

Die genannten Faktoren haben zu einem Wertewandel in unserer Gesellschaft geführt. Es wird häufig als bedrückend empfunden, daß es dem Menschen in unserer Arbeitswelt oft nur sehr schwer möglich ist, einen Sinn in seiner Tätigkeit zu sehen. Dieser Sinnmangel im Arbeitsleben sowie ein Defizit an allgemein anerkannten religiösen und moralischen Werten haben dazu geführt, daß verstärkt auf andere sinngebende Faktoren zurückgegriffen wird. Zum einen ist dies die Ästhetisierung des banalen Alltags – auch das Triviale wird zum Erlebnis hochstilisiert –, andererseits ist eine verstärkte Hinwendung zu allem Spirituellen zu beobachten, Selbstverwirklichung, New Age oder Religiosität.

Immer mehr Menschen wollen durch die Veränderung der Lebensweise ihrem Leben einen Sinn verleihen. Diese Menschen sehen in der herkömmlichen Arbeitswelt keine Möglichkeit, diesen Wunsch nach stärkerer Selbstbestimmtheit zu erfüllen. Bei vielen verlagert sich der Schwerpunkt des Lebens wieder verstärkt auf Familie, Wohnen, Freizeit, soziale Aktivitäten; Erfolg im Beruf wird nur als sinnvoll angesehen, wenn er sich mit diesem Lebensstil verbinden läßt. Selbstangestellte, die von ihrem Wohnsitz aus arbeiten, führen zu einem großen Teil solche Motive an. Heute ist es nicht mehr der Drang nach einem überdurchschnittlichen Einkommen, der Menschen selbstangestellt werden läßt, sondern der Wunsch, verstärkt ihr Leben selbst zu gestalten.

Nach einer Leserumfrage der Zeitschrift *Home Office Computing* im Jahr 1991 gaben 98 % der befragten Selbstangestellten an, daß sie glücklicher sind, von zu Hause aus arbeiten zu können, und 88 % gaben an, nicht mehr in ein (Groß-)Unternehmen (corporate world) zurückkehren zu wollen.

Der Wunsch nach einem aktiven und selbstbestimmten Leben ist bei allen Altersgruppen zu finden und drückt sich nicht nur in einem geänderten Freizeitverhalten aus, sondern auch in einem zunehmenden Interesse an spirituellen Themen.

Weitere allgemeine Trends im Wandel der Werte, wie sie auch von Naisbitt als »Megatrends« beschrieben wurden, weisen einerseits auf ein verstärktes Gesundheits- und Fitneßbewußtsein hin, andererseits auf ein zunehmendes Interesse an Kunst und Kultur, Philosophie und Religion. Die häufig beschriebene Sinnentleerung in der Industriegesellschaft hat bei vielen Menschen zu einer verstärkten Sinnsuche geführt, und zwar auf unterschiedlichste Weisen.

Neben der üblichen Esoterik und Pseudoreligiosität wenden sich die Menschen verstärkt psychologischen, philosophischen und religiösen Fragen zu. Die Aufgabe der Gesellschaft wird von immer mehr Menschen hauptsächlich darin gesehen, nicht nur eine hinreichende materielle Versorgung zu gewährleisten, sondern auch ein spirituell befriedigendes Leben zu ermöglichen.

Immer mehr setzt sich bei den Menschen die Meinung durch, daß technischer Fortschritt an sich keine Lösung der wichtigen Probleme unserer Zeit bringen wird, sondern nur ein allgemeiner Werte- und Verhaltenswandel dies bewirken kann. So ist man allgemein der Meinung, daß die neuen, aus heutiger Sicht noch fast unvorstellbaren Möglichkeiten der Technik und Medizin dringend diese verstärkte Beschäftigung mit moralischen Fragen erfordern.

Die Hinwendung der Gesellschaft von der materiellen Schaffung und Bearbeitung von Gütern zur Informationsverarbeitung wird auch in anderen Bereichen eine stärkere Beschäftigung mit Fragen der Organisation und Information mit sich bringen. Die Fixierung auf »Naturwissenschaft« als Wissenschaft von der Materie und Energie und ihre Anwendung in den Ingenieurwissenschaften werden abnehmen, eine Hinwendung zu den »Geisteswissenschaften« und der Versuch einer Synthese zeichnen sich ab. Auch in diesem Bereich gilt: »Am Anfang war das Wort . . .«

Die Trends

Schnelligkeit als Produktionsziel

Die Geschwindigkeit, mit der neue Produkte entwickelt und hergestellt werden können, ist ein wirtschaftlicher Faktor von entscheidender Bedeutung geworden. Die bereits beschriebenen Möglichkeiten der elektronischen Datenverarbeitung und -übertragung haben dies möglich gemacht. Der wirtschaftliche Erfolg eines Produkts hängt nicht mehr so wesentlich vom niedrigen Preis ab, wie das früher der Fall war, vielmehr spielt die Zeit zwischen Auftragserteilung und -erledigung eine entscheidende Rolle. In diesem Zusammenhang wird in Anlehnung an die traditionellen »economies of scale« (Vorteil der großen Stückzahl) von den »economies of speed« (Vorteil durch Schnelligkeit) gesprochen.[9]

Für diese Entwicklung gibt es mehrere Gründe: Erstens erzielt der Anbieter eines Produktes, für das es noch kein Konkurrenzprodukt gibt, als Monopolist einen Zusatzgewinn.

Zweitens verstärkt das Angebot eines innovativen Produktes die Stellung des Anbieters am zukünftigen Markt für dies Produkt. Zuerst am Markt zu sein bedeutet nicht nur, zuerst (und mehr) Geld mit einem Produkt zu verdienen, sondern überhaupt als erster Kunden für das Produkt zu haben. Kunden bedeuten Folgegeschäfte, Zubehör, Service, Ersatz, heute die eigentliche Grundlage des geschäftlichen Erfolges. In einer solchen Wirtschaftswelt ist aber überhaupt nur die Dauerbeziehung zwischen Produzenten und Kunden profitabel. Nach Davidow/Malone bringen schon zwei Prozent mehr langfristige Kunden eine höhere Gewinnsteigerung als eine zehnprozentige Kostensenkung. Weiteres zu diesem Thema soll unter »Customizing« gesagt werden.

Drittens erwarten die heutigen Kunden ganz allgemein, daß ihre Wünsche schnellstens erfüllt werden. Das Zeitalter von »real-time« und »instant gratification« hat Geduld nicht zu einer Tugend werden lassen. Das Motto der 70er Jahre »Ich will alles – und das sofort« ist auch das Credo des modernen Kunden.

Dieses Phänomen ist für die durchgreifenden Veränderungen in der kommenden Wirtschaftswelt ein sehr wichtiger Einflußfaktor. Der Kunde will, daß seine speziellen Wünsche befriedigt werden, und das am liebsten sofort. Weil das aber auch in einem bisher nicht gekannten Maße möglich geworden ist, muß jeder Anbieter mit allen Kräften versuchen, diesen Wunsch zu erfüllen, wenn er sich weiterhin der Kundengunst erfreuen will.

Der Kunde ist nicht nur König, er ist der absolute Herrscher, manchmal schon ein Tyrann; seine Wünsche gilt es zu befriedigen, schnell und völlig. Während es bei der industriellen Massenproduktion als Grundgedanke darauf ankam; billig etwas zu produzieren, ist der neue Grundsatz, schnell das Gewünschte zu produzieren. Die Fähigkeit, diesen neuen Ansprüchen gerecht zu werden, wird über das wirtschaftliche Überleben und die internationale Konkurrenzfähigkeit von Anbietern herkömmlicher Massengüter entscheiden.

Customizing

Durch den Einzug der neuen Informationstechnologien ist eine wesentliche Veränderung im Verhältnis zwischen Produzenten und Kunden entstanden. Wie bereits dargestellt, wird diese Beziehung ganz erheblich durch den Faktor »Schnelligkeit« geprägt. Der Kunde ist als Individuum entdeckt worden (Ziegler, »Deutschland 2000«).

Er ist nicht mehr nur Teil einer Gruppe, was er für die industrielle Massenfertigung war und auch heute noch weitgehend ist. Obwohl die Tendenz im Marketing schon seit einiger Zeit dahin geht, Zielgruppen immer stärker zu verkleinern und für immer speziellere Gruppen zu produzieren, so zeichnet sich inzwischen der Trend ab, daß immer mehr Produkte direkt nach den speziellen Wünschen des individuellen Kunden gefertigt werden. Die Marktsegmentierung hat den Endzustand in der »Atomisierung« erreicht, es wird für das »Ein-Kunden-Segment« produziert, so Davidow/Malone.

Durch dieses direkte Eingehen auf spezifische Kundenwünsche wird der Kunde an der Entwicklung seines Produktes direkt beteiligt, und die Beziehung zwischen Produzenten und Kunden wird dadurch sehr viel intensiver.

Das Verfahren, für den individuellen Kunden zu produzieren, wird »Customizing« genannt, was soviel wie »Spezialanfertigung« bedeutet. Customizing ist das Gegenteil von Massenfertigung, nämlich eine Einzelanfertigung für die speziellen Bedürfnisse eines Kunden.

Als Folge dieser Entwicklung wird die industrielle Massenproduktion an Bedeutung verlieren. Das »Vorleistungs-Unternehmen«, welches zuerst das Angebot an Produktionskapazität oder Produkten bereitstellt und dann den Abnehmer für das Produkt sucht, also die Art von Unternehmen, die wir seit vielen Jahren kennen, wird in modernen Wirtschaftsgesellschaften weitgehend verschwunden sein.

Es ist eine Entwicklung, die auch viele Möglichkeiten der Nischenfindung für Kleinunternehmen bzw. Selbstangestellte enthält. Diese sind durch ihre Größe (oder ihre Nicht-Größe) in der Lage, auf die ganz speziellen Wünsche ihrer Kundschaft gezielt einzugehen, was eine Kooperation zwischen größeren Unternehmen und Selbstangestellten für beide Teile vorteilhaft macht.

Customizing kann auch eine verstärkte Abkehr von Modetrends bedeuten. Kunden werden nicht durch Werbung und Markenimage an einen Produzenten gebunden, sondern durch dessen Problemlösungskompetenz. Die maximale Kundenzufriedenheit ist das Ziel, nur durch Kundenbindung kann das Unternehmen der Zukunft bestehen. Naturgemäß werden impulsive Käufer in Branchen, in denen das Customizing vorherrscht, nur noch selten auftreten, »die einzig nennenswerte Gruppe von Verbrauchern, die als potentielle Neukunden zur Verfügung stehen, sind die unzufriedenen Käufer der Konkurrenz. . . . Rentabilität entsteht zunehmend aus maßgeschneiderten Produkten, die ihre Marktsegmente spezifisch bedienen.«[10]

Diese Philosophie der völligen Konzentration auf die Kundenwünsche und ihre Erfüllung zwingt den Produzenten dazu, maximale Qualität zu liefern. Qualität ist dabei aus der Sicht des Kunden zu sehen, als Befriedigung seiner Erwartungen an das Produkt.

Durch diese Rückkehr zu quasi-handwerklicher Einzelfertigung wird das Zeitalter der Massenfertigung verlassen. Es handelt sich zwar nicht um die Rückkehr zu alten Zeiten, aber das zugrundeliegende Verfahrensmuster ist das gleiche. Neue Technologien in Produktion und Organisation haben es möglich gemacht, die scheinbar unüberbrückbare Kluft zwischen individueller »Maßanfertigung« und kostengünstiger Produktion so weit zu schließen, daß sie für den Verbraucher akzeptabel ist. Davidow/Malone bezeichnen dies Phänomen als »rückwärts in die Zukunft gehen« und schreiben: »Es werden wieder industrielle Werte und Verfahren angewendet, aber auf einem neuen technisch-informatorischen Niveau, so daß man sich entwicklungsmäßig in einer Spirale nach oben bewegt und über dem alten Entwicklungspunkt steht.«[11]

Total Quality

Mit dem Konzept des »Customizing« und seiner zunehmenden Bedeutung ist ganz eng die Philosophie der »Total Quality«[12] verbunden.

Herkömmliches Marketing, auch als »strategischen Marketing« bezeichnet, wird von Davidow/Malone als ein »militärisches« Marketing beschrieben, das »auf Eroberung von Märkten bzw. Teilmärkten abstellt, u. a. durch Marktsegmentierung, Massenangriff durch die Medien und Produktdramatisierung«.[13]

Diese Marketing-Philosophie entspricht jedoch nicht der modernen Auffassung von dem neuen Kunden-Hersteller-Verhältnis. An die Stelle des strategischen Marketings wird das Vermarkten von Werten treten. Eine Bindung des Kunden an ein Produkt und einen Produzenten kann beim Einsatz von Customizing nicht mehr durch Markentreue erreicht werden, eine Standardstrategie der industriellen Marketings. »Es wird die Aufgabe des Marketing sein, Kunden von der Glaubwürdigkeit des Unternehmens und seiner Produkte, von Qualität, Service, Fairneß und einem Streben nach Kundenzufriedenheit zu überzeugen – also denselben Eigenschaften, die auch seine Beziehung zu den Lieferanten kennzeichnen.«[14] Bei diesem für das Customizing typischen Konzept ist jedes Produkt auf die konkreten Wünsche des Kunden zugeschnitten. Der Produzent konzentriert sich ganz auf die Befriedigung individueller Kundenbedürfnisse und setzt sich dabei die maximale Kundenbindung und Kundenzufriedenheit zum Ziel. Nur durch Bindung des einzelnen Kunden wird sich ein Unternehmen am Markt halten können, wenn die Produktionsform des »Customizing« angewendet wird. Der Stammkunde ist der Wunschkunde.

Maximale Kundenzufriedenheit ist das Ziel der Total Quality. Es ist nicht das Ziel des Produzenten, nur ein nach seinen Prüfkriterien fehlerfreies Produkt zu fertigen, sondern die individuellen Kundenwünsche sollen in jeder Phase der Produzenten-Kunden-Beziehung möglichst vollständig erfüllt werden.

Das beginnt bei der gemeinsamen Definition des Produktes, das geliefert werden soll, geht über zur Fertigung, die den Kundenwünschen entsprechen muß, und endet mit der lückenlosen Betreuung des Kunden nach der Auslieferung des Produktes. Total Quality besagt, daß nicht nur so fehlerfrei wie nötig gefertigt werden soll, sondern auch so fehlerfrei wie möglich. Das bedeutet, daß die Fehlerquote in allen Phasen des Produktlebens gegen Null gesenkt werden soll, um dadurch die Kundenzufriedenheit als Produktionsziel zu maximieren. Aus der Philosophie des Produzenten-Kunden-Verhältnisses als »Problemlösungsgemeinschaft« folgt, daß auch der Produktionsbetrieb zu einem Dienstleistungsunternehmen wird.

Die Produktionsweise hat es auch mit sich gebracht, daß viele althergebrachte Unterscheidungsmerkmale nicht mehr so anwendbar sind wie früher. Ob und in welchem Umfang bei einer Problemlösung eines Kunden auch eine materielle Produktion beteiligt ist, ist nur von untergeordneter Bedeutung. Man kann dieses Vorgehen analog zu einer orthopädischen Behandlung sehen, wo es das Ziel des behandelnden Arztes ist, das Problem seines Patienten zu beseitigen, und es nebensächlich ist, ob dabei eine orthopädische Einlage angefertigt werden muß oder nicht.

Ein Beispiel für Total Quality ist die Produktion des Luxusautomobils der Marke »Lexus«. Um die Kundenbeziehung noch intensiver zu gestalten und die Kundenzufriedenheit auf selbst für japanische Unternehmen höchstes Niveau zu bringen, wurde vom Giganten Toyota eigens ein selbständiges Unternehmen gegründet. Nicht nur, daß die Produktionsqualität praktisch von Anfang an höchstes internationales Lob erhielt, bei kleinsten Beanstandungen wurde alles nur Erdenkliche unternommen, um die Kundenzufriedenheit wiederherzustellen.

Das krasse Gegenbeispiel ist das Verhalten des amerikanischen Chip-Produzenten Intel. Nicht nur, daß ihm beim Design seines »Pentium«-Chips ein Fehler unterlief, die Unternehmensleitung verlegte sich nach dessen Bekanntwerden noch auf die ungeschickte und als arrogant empfundene Strategie, daß der Kunde zu beweisen hätte, ob er von diesem Fehler betroffen und damit geschädigt sei. Dieses Verhalten weist auf erhebliche Unterschiede in der Unternehmensphilosophie hin, wenn Intel eine solche haben sollte, und entspricht sicherlich nicht dem Konzept von »Total Quality«.[15]

»Guter Kundendienst ist genauso wichtig wie das Erzeugnis selbst.«[16]

Da das Konzept von Total Quality auf die Kundenzufriedenheit während des gesamtes Produktlebens abzielt, ist es nur natürlich, daß dem Kundendienst eine besondere Stellung eingeräumt wird.

Die Art, wie Kundendienst erbracht wird, wird sich sehr stark verändern. Er wird sich auch wegen der steigenden Transport- und Personalkosten der neuen Informationstechnologien bedienen müssen. Kundendienst wird nicht nur darin bestehen, daß Reparaturen von geschulten Kundendienstmitarbeitern durchgeführt werden.

Der Kundendienst wird immer häufiger die Möglichkeiten der Ferndiagnose und von Hotlines nutzen. Die zunehmende Verbreitung des Customizing wird Kundendatenbanken, in denen die Einzelheiten der gelieferten Produkte gespeichert sind, zum zentralen Instrument des Kundendienstes machen. Der Trend zum »gläsernen Kunden« ist unübersehbar und wird zahlreiche Datenschutzprobleme mit sich bringen.

Zukünftige technische Geräte aller Art werden mit der Möglichkeit zur Ferndiagnose ausgestattet werden. So ist es eine voraussehbare Entwicklung, daß bei defekten Haushaltsgeräten per Ferndiagnose mit Analyseprogrammen über die Telefonleitung die Fehlerursachen gesucht und die Fehler diagnostiziert werden. Der Kunde erhält sofort einen Bericht, welcher die Fehler benennt, die benötigten Ersatzteile auflistet und ein verbindliches Angebot für die Reparatur macht. Wenn der Fehler nicht on line behoben werden kann, wird nach Auftragserteilung die nächste Service-Werkstatt informiert, und von dort aus wird der Auftrag dann geplant und durchgeführt. Durch dieses Vorgehen werden Reparaturaufträge planbar, die Lagerhaltung von Ersatzteilen kann dadurch auf ein Minimum reduziert werden, welches für den Notfalleinsatz absolut notwendig ist. Der tatsächliche Kundendienstbesuch muß sehr viel seltener und sehr viel besser geplant werden, um die immer höheren Anfahrts- und Arbeitskosten zu rechtfertigen.[17]

Auch die Beherrschbarkeit eines Produktes wird wesentlich stärker in den Vordergrund treten als bisher. Die Kunden verlangen verstärkt, daß ein Produkt vielseitig einsetzbar ist, praktisch alles kann und gleichzeitig leicht zu bedienen ist. Die neue Bedienbarkeit muß intelligent, kontextbezogen und intuitiv erlernbar sein.

Kundendienst ist als ein Teil des gesamten Problemlösungsprozesses zu sehen, er besteht aus der Information des Kunden, seiner Betreuung über konventionelle und elektronische Informationsmedien, so zum Beispiel verstärkt durch Newsletters, welche sowohl (noch) in herkömmlicher Papierform erstellt werden als auch immer öfter elektronisch über Mailboxen abrufbar sind.

Immer mehr Hersteller gehen dazu über, in kommerziellen elektronischen Mailboxen, u. a. CompuServe oder DATEX-J, Informationen für ihre Kundschaft anzubieten, Hinweise über Anwendungsmöglichkeiten ihrer Produkte, allgemeine Anwendungsprobleme in Online-Foren zu besprechen und Anfragen von Kunden zu beantworten. Diese Art der Kundenbetreuung geht über den reinen Kundendienst weit hinaus und zielt auf eine emotionale Bindung des Kunden an den Produzenten ab.

Diese neue Art der Kundeninformation ist im gesamten EDV-Bereich weit verbreitet. Es gibt wohl keinen Anbieter von einiger

Bedeutung, der nicht eine elektronische Mailbox unterhält. Besonders im Bereich der Produktinformation, Anwenderberatung und des Hilfsdienstes, also der Hotlines, wird verstärkt auf die Nutzung von Mailboxen hingearbeitet. Dort können Fragen abgelegt werden, die entsprechenden EDV-Daten können dort gleichfalls hochgeladen werden, und die Antwort kann dann später abgerufen werden. Außerdem besteht die Möglichkeit, daß die erteilten Ratschläge auch den anderen Anwendern zugänglich gemacht werden und somit Mehrfachbearbeitung gleicher Probleme vermieden wird.

Auch Nicht-EDV-Unternehmen gehen immer häufiger on line. So berichtet CompuServe in seinem (merkwürdigerweise gedruckten) Magazin von dem amerikanischen Gitarren-Hersteller Gibson, welcher u. a. seine Kunden und Sammler seiner Gitarren mit Informationen versorgt, sie beispielsweise über die Einzelheiten eines bestimmten alten Sammlerstücks informiert. Auch hier ist wieder der Trend zu beobachten, daß die Unterscheidung von »drinnen« und »draußen« immer weiter aufgehoben wird. Der Kunde wird ständig über die Firma informiert, und zwar viel weiter gehend als nur über ihre Produkte.

Outsourcing

Die Vorstellung einer lebenslangen Beschäftigung bei einem Unternehmen mag schon immer eine etwas romantische Vorstellung gewesen sein, sie wurde jedoch allgemein angestrebt und auch in sehr vielen Fällen verwirklicht. Um so größer ist der Schock, wenn das *Time Magazine* George Church zitiert mit dem Ausspruch: »Vergiß jede Vorstellung einer lebenslangen Anstellung bei einem großen Unternehmen. Selbst wenn das ›downsizing‹ bis zu seinem logischen – oder unlogischen – Extrem durchgeführt wurde und Entlassungen und Frühpensionierungen aufhören, werden die Großunternehmen nicht wieder dazu übergehen, Massen von Langzeitarbeitslosen einzustellen. Sie haben entdeckt, daß es effizienter und profitabler ist, als ›Contracting Centers‹ zu operieren, Güter und Dienstleistungen von kleineren Unternehmen einzukaufen, als sie von ihren eigenen Angestellten herstellen zu lassen, ein Vorgang, der als ›outsourcing‹ bekannt ist.«[18]

Armin Ziegler schreibt: »Es ist das Alter der strategischen Allianzen. Man trennt sich leichter von Sortimentsteilen und Beteiligungen, die nicht diesen Stärken entsprechen. Andererseits: Wird neues technisches Know-how notwendig, so wird es – um Entwicklungszeiten zu sparen – häufiger durch Zukauf oder Lizenznahme erworben. Um sich auf die Schlüsselfähigkeiten konzentrieren zu können, werden ganze Unternehmensfunktionen an externe Dienstleister vergeben.«[19]

Wie bei allen Schönheitsidealen, so ist auch die Vorstellung von der Idealfigur und -größe eines Unternehmens Modeschwankungen unterworfen. Bis Ende der 80er Jahre galt es als schick, groß und massig zu sein. Es war die Zeit der Firmenfusionen, der Firmenaufkäufe, der mit Junk-Bonds finanzierten »leveraged buy-outs«, mit allen unerwünschten Nebenwirkungen: »big« war »beautiful«. Das Motiv für diese Erweiterungen war einerseits, durch Ausschlachten der Erwerbungen einen schnellen Profit zu machen, was nicht immer gelang; der andere Grund war, daß immer häufiger Großunternehmen diversifizieren wollten. Zum einen versprach man sich durch eine breitere Unternehmensbasis mehr Sicherheit, zum anderen bedeutete mehr Größe auch mehr Macht und Bedeutung für die Konzernleitung.

Unternehmung bekamen schnell Probleme mit ihrer neuerworbenen Masse, Schulden drückten unerträglich, und die neuen Mammutgebilde erwiesen sich als schwer dirigierbar, zumal man von den neuen Geschäftszweigen oft nur sehr wenig verstand.

In den 90er Jahren wechselte dann die Mode mit der jetzt vorherrschenden Unternehmensphilosophie. Schick war jetzt »lean and mean«, was bedeutet, daß sich die Unternehmen wieder auf das besannen, was sie früher gemacht hatten und am besten konnten und was im Amerikanischen als »core competencies« bezeichnet wird. Der Schlachtruf der Firmenführer war jetzt: »Beweise, daß die Aufgabe nicht auch anderweitig vergeben werden kann« (Tom Peters).

Jetzt wurde gefordert, daß man sich bei jeder Tätigkeit im Unternehmen fragt, ob man sie auch täte, wenn man das Unternehmen neu gründen und von vorn anfangen würde. Diese Idee ist als »Business

Process Re-Engineering« bekannt[20], ein Konzept, das aus dem Technikbereich stammt, wo diese Frage bezüglich der Einzelteile eines Produktes und der verwendeten Produktionsverfahren gestellt wird. Im wirtschaftlichen Bereich wird des Verfahren als »Outsourcing« bezeichnet und ist der zukünftige Unternehmenstrend schlechthin, sowohl bei Dienstleistungen als auch im Produktionsbereich.

Der Vorstandsvorsitzende von Intel, Andrew Grove, beschreibt diese Philosophie sehr drastisch: »Man muß wissen, wo man besser als jeder andere ist, und dann gnadenlos seine Bemühungen darauf konzentrieren.«[21]

Früher galt für ein Unternehmen: »Wenn etwas es wert war, getan zu werden, tat man es selbst. Aber der Tag ist einfach nicht mehr lang genug, um alles selbst zu managen.«[22] Arbeiten werden dorthin ausgelagert, wo sie am wirtschaftlichsten durchgeführt werden können. Schnell reagieren zu können ist wichtiger, als zu versuchen, möglichst viel von der Wertschöpfung selbst zu erzielen. Durch ein Netz von Zulieferern, externen Mitarbeitern, hält man die eigene Organisation so klein wie möglich. Dies gilt besonders für Stabsaufgaben wie z. B. Public Relations, Personalwesen, Rechnungswesen, Steuerabteilung usw. Solche Abteilungen mit solchen Aufgaben werden nach Möglichkeit ausgelagert. Der Trend geht dahin, ganze Bereiche eines Unternehmens auszugliedern, sie als eigenständige Unternehmen zu betreiben und dann mit ihnen zusammenzuarbeiten. Die neuen »Externen« sind häufig die ehemaligen Mitarbeiter des Unternehmens, die sich selbständig gemacht haben, oft nach Auflösung ihrer früheren Abteilung. Sie führen jetzt ihre damaligen Tätigkeiten auf eigene Rechnung, aber auch auf eigenes Risiko durch.

In der Praxis führt das Outsourcing dahin, daß sich die Unterschiede zwischen »intern« und »extern« verwischen. Zwischen dem externen Mitarbeiter, wie er unter anderem in der Medienbranche schon lange bekannt ist, und seinen am gleichen Projekt arbeitenden festangestellten Kollegen besteht wahrscheinlich ein engerer Kontakt als zwischen den Mitarbeitern verschiedener Redaktionen.

Verbleibende Stabsstellen werden immer häufiger auf die Funktion von Verbindungsstellen reduziert, die den Kontakt zu den externen Ressourcen aufrechterhalten und ihren Einsatz koordinieren. Das übriggebliebene Unternehmen wird damit zu einer »aus Information geknüpften Decke«[23], und diese Decke wird immer größer, aber auch immer dünner.

Die Größe eines Unternehmens wird deshalb in Zukunft auch nicht mehr an der Zahl der Mitarbeiter und anderen herkömmlichen Parametern gemessen werden, sondern an seinem Potential, große Aufgaben zu erledigen, d. h., große Probleme zu lösen.

Der Trendforscher John Naisbitt erkannte diesen Trend schon frühzeitig. Er beschrieb als einen »Megatrend« der Zukunft, daß »viele der größten Unternehmen des Landes (USA) sich auf ihre Kern-Kompetenzen konzentrieren werden. Sie werden zunehmend alles nach außerhalb vergeben, vom Postversand bis zur Informationsverarbeitung.«

Die Bedeutung von Outsourcing als Industriezweig wird dadurch deutlich, daß es bereits 1990 in den USA einen Umfang von 14,6 Mrd. US-$ hatte und daß mit einem jährlichen Wachstum von durchschnittlich 4 % gerechnet wird.

»Das Großunternehmen der Zukunft (zumindest) in den USA wird aus einem kleinen Kern von Angestellten bestehen und einer Menge kleiner Firmen, welche auf Vertragsbasis arbeiten. Und sogar in diesem inneren Kern wird es eine Menge Bewegung geben, mehr Leute werden für zeitlich begrenzte Aufgaben eingestellt werden«, so George Church im *Time Magazine*.[24]

So werden durch Outsourcing zwar die Arbeitsplätze weniger, aber nicht die Arbeit an sich, diese wird sogar noch weiter wachsen, oder: »Employment is shrinking, but work ist not.« (Charles Handy: *The Empty Raincoat*)

Besonders das klassische mittlere Management sowie die Stabsstellen werden von diesem Schrumpfungsprozeß stark betroffen sein. Das mittlere Management hat seine klassische Aufgaben, Überwachung und Bericht an die Unternehmensleitung, verloren. Durch moderne computergestützte Management-Informationssysteme (MIS) lassen sich Planung und Überwachung von Unternehmenstätigkeiten zur Unternehmensspitze hin verlagern.[25] Alle diese Funktionen sind stark gefährdet und werden häufig bei der nächsten Neuorganisation ausgelagert, d. h. »outgesourct«. »Die Organisation der Unternehmen wandelt sich: Hierarchien schrumpfen, Grenzen zwischen Funktionen werden abgebaut, zahlreiche noch heute in den Unternehmen wahrgenommene Aufgaben wandern zu externen Dienstleistern.«[26]

Wenn auch dieser Trend zum »Downsizing« manchmal Merkmale von »Besessenheit« aufweist, wie Davidow/Malone treffend anmerken, so wird er sich doch noch weiter fortsetzen, da es sich um einen zwingend notwendigen, fundamentalen Umstrukturierungsprozeß handelt und nicht um eine der modernen Managementtheorien, die es zu überstehen gilt. Artikel in Zeitschriften, die sich mit diesem Problem befassen, sind zwar zahllos, doch meist wird nur das Phänomen beschrieben, ohne auf die tieferliegenden Gründe einzugehen.

Es handelt sich eben nicht nur um eine weitere Kostensenkungsmaßnahme, sondern um die Einführung einer zukunftsorientierten Umorganisation der Unternehmen, um auf die gestiegenen Anforderungen an Schnelligkeit bei der Erfüllung von Kundenwünschen antworten zu können. Da diese Veränderung nötig ist und auch technisch möglich, wird sie auch erfolgen.

Frühere Organisationmuster in Unternehmen entsprachen weitgehend dem Denken der industriellen Massenproduktion, wo in erster Linie eine »economy of scale« vorherrschte. Dieser Begriff bezeichnet den Zusammenhang, daß die großen Stückzahlen der Massenfertigung geringe Stückkosten bedingen und damit Wettbewerbsvorteile erzeugen. Wie schon gezeigt, ist dies in vielen Branchen aber nicht mehr der Fall, denn heute kommt es in erster Linie darauf an, daß ein Unternehmen schnell auf Kundenwünsche reagieren kann. Außerdem ist es wegen der neuen technischen Möglichkeiten im Bereich EDV und DFÜ für ein Unternehmen nicht mehr notwendig, die gesamte Palette des Know-hows in Form von festangestellten Mitarbeitern ständig zur Verfügung zu haben. Immer öfter kann auf externe Ressourcen zurückgegriffen werden. So wie das Just-in-time-Prinzip den Umfang materieller Lagerhaltung minimiert, versucht man durch Downsizing und Outsourcing die Bevorratung mit Human Resources, das heißt menschlichen Fähigkeiten, zu minimieren.

Das Unternehmen der Zukunft wird deshalb sehr häufig mehr ein Netz von wenigen festangestellten Mitarbeitern sein, welche die

Fäden zu den externen Ressourcen knüpfen, um je nach Bedarf Projekte durchzuführen, d. h., Probleme zu lösen. Durch diese Entwicklung verlieren ehemals feste Strukturen und die alten Muster von »intern«/»extern«, »angestellt«/»selbständig« an Bedeutung.

Die Konsequenz aus diesen Vorgängen für die (noch) fest Angestellten ist, sich mit dem Gedanken abzufinden, daß es keine Arbeitsplatzsicherheit mehr gibt. Ob selbstangestellt oder »fest« angestellt, die Unsicherheit bleibt. Wie immer ist ein Mehr an Freiheit auch mit einem Mehr an Unsicherheit verbunden.

Die Unsicherheit im Arbeitsleben ist allgemein, und der große Unterschied zwischen Selbstangestellten und Angestellten eines großen Unternehmens ist nicht mehr wie früher die Sicherheit des Arbeitsplatzes, die einer lebenslangen Einkommensversicherung gleichkam. Die Selbstsicherheit von Mitarbeitern großer Firmen ist verschwunden; wo früher das Bewußtsein vorherrschte, im Milieu der Großunternehmen einen gesicherten Karriereweg zu absolvieren, herrscht Unsicherheit. Firmen, die früher als Fels in der Brandung galten, wanken oder existieren nicht mehr. Der »sichere Arbeitsplatz« ist zum Mythos geworden, wenn er denn jemals eine Realität war.

George Church in *Time* zu diesem Aspekt: »Älteren Arbeitnehmern, die im Kokon von riesigen Unternehmen (bzw. im sozialen Netz deutscher Prägung, P. F.) aufgehoben waren – mit vom Unternehmen bezahltem Gesundheitsdienst und Pensionen, mit Unternehmens-Softball- und -Bowling-Mannschaften –, mögen diese Visionen weniger ermutigend als vielmehr erschreckend erscheinen. Sie sind wagemutig (vielleicht), aber einsam und erschreckend unsicher.«[27]

Da die Unsicherheit im Berufsleben in unserer Gesellschaft nicht mehr davon abhängt, ob man fest angestellt, freier Mitarbeiter oder selbstangestellt ist, fällt auch der Schritt in die berufliche Selbständigkeit leichter als früher. Während auf eine Entlassung häufig die längerfristige Arbeitslosigkeit folgt, kann der Selbstangestellte auch »etwas arbeitslos« sein, wenn er nicht voll ausgelastet ist, es besteht nicht die »Alles-oder-nichts«-Situation des festen Arbeitsverhältnisses. Für den Selbstangestellten eröffnet sich dadurch die Möglichkeit, das Versiegen einer Einkommensquelle durch das Erschließen einer anderen zu kompensieren.

Resultate

Virtuelle Welten – ganz real

Das Leitmotiv, aber auch das Schlagwort der modernen Computerwelt ist die »Virtuelle Realität«. Es gibt dabei kaum etwas, das es nicht auch in einer »virtuellen« Fassung gibt. Der Begriff stammt wie fast alles aus diesem Bereich aus dem Amerikanischen, »virtual« bedeutet dabei soviel wie »nicht wirklich« oder »gewissermaßen«. Man kann sicherlich lange darüber philosophieren, was eine »nicht wirkliche Realität« wohl sein mag, und manchen wird dieser Begriff an »gebratene Schneebälle« erinnern.

Aber es ist ganz einfach: »Virtual Reality« ist die umfassende Bezeichnung für die Realität von »Cyberspace«, und Cyberspace ist die Parallelwelt, die durch die in der Gesamtheit der Computer gespeicherten Daten gebildet wird und sich uns auf den Datenmonitoren darbietet.

Cyberspace ist das Entenhausen des elektronischen Zeitalters, Fantasia auf der Festplatte. Aber Cyberspace ist nicht nur virtuelles Disneyland, es ist auch Wallstreet und Bürostadt.

Der Neandertaler von Cyberspace heißt Pac-Man, dort fliegen die Flugzeuge des MS-Flight-Simulators, dort fahren noch nicht produzierte Autos als Cyber-Erlkönige durch rechnererzeugte Landschaften. Es finden dort Online-Konferenzen statt von Teilnehmern, die über die ganze Welt verstreut sind. In Cyberspace lagern digitalisierte Bilder, Helden der Adventure-Games bestehen ihre Abenteuer. Dort stehen Wetterberichte, Börsenkurse, ganze Bibliotheken mit den digitalen Inhalten von Tausenden von Zeitschriften. In Cyberspace kann man in elektronischen Banken elektronisches Geld auf andere Konten überweisen, ohne einen Geldschein in einem realen Schalterraum anfassen zu müssen.

»Virtual Reality« beschränkt sich nicht auf die »Kunst-Wirklichkeiten« von Cyberspace, der Mensch ist erst durch die »Virtual Reality« wirklich Mensch, denn sie ist die Welt seiner Phantasie. Phantasie, das ist Virtual Reality. Jedes Bild, jede Geschichte, jedes Theaterstück, jeder Film, jeder Gedanke, jeder Traum. Die Höhlenmalereien der vorgeschichtlichen Menschen sollten eine virtuelle Realität erzeugen, in welcher der Jagdzauber angewendet werden konnte. Die virtuelle Realität des antiken Schauspiels stellte die Beziehungen zwischen Göttern und Menschen dar, das gleiche gilt für Mysterienspiele aller Art. Auch die virtuellen Realitäten sind real, Tragödien lassen uns weinen, und Komödien bringen uns zum Lachen. Alles, was denkbar und beschreibbar ist, wird in unserem Kopf real.

Die virtuelle Realität von Cyberspace ist nur durch ihre ständig steigende Perfektion anders. Immer leistungsfähigere Datenverarbeitungsanlagen, schnellere Prozessoren, Speichermedien und Ausgabegeräte sind inzwischen in der Lage, Bildabläufe in »real-time« zu erzeugen. Dem Betrachter fällt es immer schwerer zu erkennen, ob es sich dabei um Aufzeichnungen »wirklicher Ereignisse« handelt oder um Produkte einer »Programm-Phantasie«.

Typisch für virtuelle Realität ist der Spielfilm. Alle Spielfilme erzeugen pseudo-reale Situationen, der Betrachter kann häufig kaum noch erkennen, ob es sich bei dem gezeigten Film um aufgezeichnete Wirklichkeit oder um eine »Pseudo-Dokumentation« (was für ein schönes Wort!) handelt.

Im Lande Cyberspace gibt es die virtuelle Community, das Electronic Cottage, die Gemeinde der EDV-Anwender, die über Modems miteinander vernetzt sind. Sie treffen sich im Internet, sie tauschen ihre Gedanken in Foren aller Art, zapfen Datenbanken an und diskutieren endlos alle wichtigen und unwichtigen Fragen dieser Welt. In dieser Welt ist auch die Virtual Corporation angesiedelt.

Auf den ersten Blick scheint es sich bei den Besuchern von Cyberspace, den Mitgliedern der Virtual Community, um eine kleine Randgruppe zu handeln, ein Häuflein von Hackern und sonstigen Computer-Freaks. Doch das ist weit gefehlt! Erstens zählen weltweit die regelmäßigen Benutzer von elektronischen Datennetzen nach Millionen. Die Benutzerzahlen von Internet, dem weltweiten Computernetzwerk, explodierten in den letzten Jahren förmlich, ähnliches gilt auch für den größten kommerziellen Dienst, CompuServe. Die Datendienste der Telefongesellschaften, wie DATEX-J, erreichen nach anfänglichen Anlaufschwierigkeiten eine kritische Masse und werden sich zu Standardeinrichtungen des modernen Lebens entwikkeln. Wohl jeder Leser wird schon als Besucher in Cyberspace gewesen sein, eventuell ohne sich dessen bewußt zu werden.

Das Virtuelle Produkt

Problemlösung als Produkt

Die wichtigsten Faktoren für den Erfolg eines heutigen Anbieters sind

- »Schnelligkeit«, d. h. die Fähigkeit, die Zeit zwischen Auftreten des Kundenwunsches und seiner Erfüllung möglichst gering zu halten,
- die Fähigkeit zum »Customizing«, d. h., die speziellen Anforderungen und Wünsche des Kunden realisieren zu können,
- die Verpflichtung auf »Total Quality«, d. h., die Fehlerrate auf allen Ebenen der Leistungserstellung gegen Null gehen zu lassen und die maximale Kundenzufriedenheit und Kundenbindung zu erreichen.

Nach Ansicht von Davidow/Malone ist das Virtuelle Produkt der Produkttyp, der diese Anforderungen am besten erfüllt. Das Virtuelle Produkt (VP) ist ein Produkt, das »im Idealfall unmittelbar und kundenspezifisch hergestellt (wird)«. Für sie ist »virtuell« gleichbedeutend mit »anpassungsfähig und interaktiv«.[28]

Das Virtuelle Produkt hat nach dieser Definition zwei wesentliche Eigenschaften, nämlich:

1. Es ist speziell nach individuellen Kundenwünschen hergestellt (customized).
2. Es läßt sich schnell realisieren (Schnelligkeit).

Schnelligkeit ist bei der Entwicklung und Herstellung besonders von neuen Produkten im heutigen Wettbewerb von elementarer Bedeutung, aber die andere Eigenschaft des Virtual Product, nämlich kundenspezifisch, also »customized« zu sein, ist die wichtigere von beiden.

Die Definition des Virtuellen Produkts sollte so modifiziert werden, daß die Eigenschaft des »Virtuellen« stärker betont wird, also: »nicht wirklich existierend«, »quasi«. Das wichtigste Merkmal eines Virtuellen Produktes ist, daß es an den Kunden verkauft wird, ohne daß es zu diesem Zeitpunkt real existiert.

Das Virtuelle Produkt ist das
Ergebnis eines Problemlösungsprozesses.

Dadurch, daß die Problemlösung als Produktmerkmal in den Vordergrund gestellt wird, wird auch der Dienstleistungscharakter der Produktion betont.

Die produzierende Wirtschaft ist dabei, einen grundlegenden Einstellungswandel zu vollziehen. Während die industrielle Massenproduktion die kostengünstige Fertigung zum Ziel hatte, wird beim Virtuellen Produkt der alte Widerspruch zwischen Produktion und Dienstleistung aufgehoben. Letztlich ist jede wirtschaftliche Leistung eine Dienstleistung.

Häufig ist in Diskussionen über die wirtschaftliche Zukunft der Industrieländer die Ansicht zu hören, daß die Industriestaaten die Güterproduktion hinter sich lassen müßten, um sich auf die Produktion von Dienstleistungen zu konzentrieren.[29]

Diese Ansicht ist aus mehreren Gründen anfechtbar. Es wird bei dieser Argumentation unter anderem unterstellt, daß Dienstleistungen an sich höherwertig seien und deshalb zum Beispiel nicht so leicht von Schwellenländern vollbracht werden könnten. »Es gibt führende Intellektuelle, die behaupten, unsere Zukunft läge in der Abkehr von der Industriegesellschaft und einer Hinwendung zur Dienstleistungswirtschaft. Sie verbannen die Güterproduktion ins wirtschaftliche Abseits und huldigen statt dessen einer Nation der Geistesarbeiter«, so Davidow/Malone.[30]

Erstens wurden ähnliche Argumente auch bei der Produktion von High-Tech-Produkten vorgebracht. Die Produktion dieser Produkte wird inzwischen weitgehend in Niedriglohnländern durchgeführt.

Zweitens sind bei weitem nicht alle Dienstleistungen höherwertige Arbeit, die implizite Gleichsetzung von Dienstleistern mit Geistesarbeitern ist unzulässig und sicherlich übertrieben. Es ist jedoch richtig, daß auch in der Gesellschaft der Zukunft viele materielle Dinge gebraucht werden, die hergestellt werden müssen. Moderne Organisations- und Fertigungsmethoden werden indessen den Unterschied zwischen Dienstleistung und materieller Produktion immer undeutlicher werden lassen.

Drittens wird eine Gesellschaft wirtschaftlich unseriös, wenn sie die Fähigkeit verliert, Dinge ihres Bedarf selber zu produzieren. Man kann sich auch kaum vorstellen, daß diese Produktion ausschließlich im Ausland vorgenommen wird. Letztlich kommt es darauf an, wie man fertigt, und nicht, was man fertigt.

Wie dargestellt, verschwindet bei der modernen Produktion von Virtuellen Produkten der Unterschied zwischen Produktion und Dienstleistung. Es wird deshalb oft gesagt, daß es einer der größten wirtschaftspolitischen Fehler der USA während der Reagan-Zeit in den 80er Jahren war, zu glauben, sich auf Dienstleistungen, welche auch immer, stürzen zu müssen. Diese Einstellung hatte zur Folge, daß Junkbond-Spezialisten und Übernahmekünstler vom Schlage Bosky und Milkens die Helden waren, junge Talente lieber Börsenmakler wurden als Ingenieure. Geschäftemachen war eben »more sexy«, als eine Maschine zu entwickeln. Wallstreet hatte die NASA als Traumziel der Jugend verdrängt.

In ihrem Buch betonen Davidow/Malone eindringlich, daß auch große Volkswirtschaften der Zukunft nicht ohne ein solides Fundament existieren können. Sie zeigen ausführlich, welche katastrophalen Konsequenzen der Rückzug der amerikanischen Volkswirtschaft aus der Güterproduktion hatte. Die Produktion hochwertiger Massenkonsumgüter wie unter anderem Automobilbau und Konsumgüterelektronik bezeichnen sie als »die Bereiche, in denen Unternehmen die Massenproduktion lernen«.[31]

Das Virtuelle Produkt folgt einer grundlegenden Erkenntnis des modernen Marketings, daß der Kunde eigentlich kein Produkt kaufen will, sondern eine Problemlösung sucht.

Die industrielle Massenproduktion ist naturgemäß nur in der Lage, »standardisierte« Probleme von genügend großen Zielgruppen zu berücksichtigen. Sie versucht deshalb, durch Beeinflussung des Konsumenten mit Marketinginstrumenten seine Problemwahrnehmung zu verändern. Er soll dadurch das produzierte und angebotene Produkt für geeignet ansehen, seine Wünsche zu erfüllen. Da Wünsche, Erwartungen und Probleme letztlich individuell sind, ist eine wirkliche Problemlösung nur sehr begrenzt möglich.

Ganz anders liegt der Sachverhalt beim Virtuellen Produkt. Der Kunde als »Problembesitzer« ist ein wesentlicher Faktor bei der Schaffung des Produktes, er ist an seiner Entwicklung maßgeblich beteiligt. Wie schon an anderer Stelle gezeigt wurde, verliert die alte Unterscheidung zwischen »drinnen« und »draußen« ihre Bedeutung. Der Kunde ist nicht ein Element außerhalb des Produktionsvorganges, an ihn wird kein fertiges Produkt verkauft, er ist kein »Endverbraucher«. »Warum beteiligt man einen Kunden? Weil er oft besser in der Lage ist, sein Wunschprodukt zu entwickeln, als es der Zulieferer könnte.«[32] Er ist am Schöpfungsprozeß »seines« Produktes von Anfang an beteiligt. Interaktive, direkt auf den Kunden bezogene Produktionsweisen werden sich schon deshalb durchsetzen, weil sie etwas in verstärktem Maße bieten, was andere Verfahren erst mühsam erzeugen müssen, nämlich Kundenzufriedenheit. Kundenzufriedenheit entsteht aus der direkteren Befriedigung von Kundenwünschen.

Problemlösen bedeutet, daß je nach der erkannten Problemlage sich geeignete Produktionskomponenten, also auch geeignete Personen, zusammenfinden müssen, um dies Problem zu lösen. Im Gegensatz dazu stand das Produkt bei der industriellen Massenproduktion fest und war das Ergebnis eines optimierten Herstellungsprozesses. Deshalb konnten die benötigten Produktionsmittel von dem Unternehmen vorrätig gehalten werden. Dieses Vorgehen ist bei Herstellung eines Virtuellen Produktes nicht möglich. Weil es durch individuelle Problemlösung entsteht und somit jedes Produkt anders ausfällt, wird auch der jeweilige Produktionsvorgang unterschiedlich verlaufen.

Arbeit ist Problemlösen, nur unter diesem Gesichtspunkt erhält Arbeit einen Sinn. »Die Menschen im Unternehmen müssen zu einer Wertschöpfungsgemeinschaft zusammenschmelzen und dies in ihrem Selbstverständnis verinnerlichen«, so Wolfgang Reitzle, Vorstandsmitglied von BMW.[33] Man kann aus dieser Aussage auch die *Definition des Unternehmens der Zukunft* ableiten, nämlich, daß es sich um eine Wertschöpfungsgemeinschaft handelt, gleichgültig, welchen formalen Status die daran Beteiligten haben. Statt von einer Wertschöpfungsgemeinschaft kann man auch von einer Problemlösungsgemeinschaft reden.

Die Virtuelle Unternehmung läßt sich demnach als *temporäre Problemlösungsgemeinschaft* verstehen.

Die Leistung des Produzenten der Zukunft wird hauptsächlich darin bestehen, für den Kunden und mit dem Kunden zusammen dessen Bedürfnisse zu formulieren, eine notwendige Problemlösungsstrategie zu entwickeln und ein darauf abgestimmtes Produkt zu erstellen. Das so entstandene Produkt muß nicht unbedingt materiell sein, es kommt nur auf die Lösung des Problems an. Nicht das industriell vorgefertigte Massenprodukt ist ausschlaggebend, sondern das für den einzelnen Konsumenten individuell angefertigte Produkt. Beispiele auf diesem Gebiet gibt es auch heute schon hinreichend genug, auch im produzierenden Sektor.

Die Konzentration auf die Problemlösungsfähigkeit verlangt eine sehr starke Qualifikation, Motivation und Interaktion aller Beteiligten, wobei der Kunde als »Problemeigner« eine zentrale Rolle spielt. Neben den fachlichen Fähigkeiten auf bestimmten Gebieten werden verstärkt auch Phantasie und Fähigkeit zur Teamarbeit gefordert werden, die Wissenschaft wird sich verstärkt mit der Wirkung von Systemen, auch sozialen Systemen, und deren Interaktionen befassen müssen. Problemlösung als eigener Wissenschaftszweig mit interdisziplinärem Ansatz wird in weitaus verstärktem Maße verfolgt werden müssen. Besonders außerhalb der anglo-amerikanischen Wissenschaftswelt wird wenig beachtet, daß sich die Verhaltenswissenschaften mit den Fragen von Problemlösungen schon seit langem beschäftigen und es auch eine umfangreiche Literatur dazu gibt. Was noch fehlt, ist eine Umsetzung dieser Fähigkeiten in das alltägliche Wirtschaftsleben, so wie beispielsweise die Psychologie im Marketing angewendet wird.

Aus dem Verständnis des Wirtschaftens als Problemlösen ergibt sich auch ein neues Verständnis für den Wert der Arbeit und den Sinn, welche die Arbeit des einzelnen hat. »Die Entlohnung in einer Wertschöpfungsgemeinschaft muß sich primär an der dort erzielten Wertschöpfung (= Beitrag zur Problemlösung) ausrichten und nicht eine reine Kompensation für abgelieferte Arbeitszeit sein.«[34] Es wird die Aufgabe des Unternehmens der Zukunft sein, Probleme zu lösen, und nicht, Arbeiten zu verrichten. Das ist die Grundlage sowohl modernen Managements als auch fortschrittlicher, postindustrieller Arbeitsethik. Der Mitwirkende am Arbeitsprozeß, welchen formalen Status er auch immer hat, wird in der industriellen Massenproduktion für seine »geopferte« Zeit als Objekt in einem Produktionsverfahren entschädigt (»kompensiert«), als Beteiligter an einem Problemlösungsprojekt wird er an dem gemeinsamen Ergebnis beteiligt.

Sinn entsteht dadurch, daß jeder an diesem Prozeß Beteiligte sich über seinen Beitrag zur Problemlösung im klaren ist. Jeder, der zur Problemlösung beigetragen hat, war produktiv. »Für das virtuelle Unternehmen kommt es nicht länger darauf an, Verfahren zu besitzen, sondern Ergebnisse zu steuern.«[35] »Die neue Loyalität gilt nicht dem Chef oder dem Unternehmen, sondern Projekten, die einen Sinn haben und Leistungsanspruch, persönliches Wachstum und Anerkenntnis von Ergebnissen versprechen«, so Rosabeth Moss Kanter, Herausgeberin der *Harvard Business Review*.[36]

Der Verkauf von Virtuellen Produkten

Der Verkäufer von Virtuellen Produkten wird seine Tätigkeit hauptsächlich darin sehen, seinen Kunden genau zu kennen, dessen Wünsche und Probleme, und ihn auf Möglichkeiten zu deren Befriedigung bzw. Lösung aufmerksam zu machen. Er wird ihm nicht nur ein Produkt anbieten, sondern ihm neue Problemlösungsmöglichkeiten aufzeigen, die unter Zuhilfenahme neuer Produkte entstanden sind.

Die Aufgabe des Verkäufers wird dabei sein, mit dem Kunden dessen Produktwünsche zu definieren, ihn zu beraten und nicht zu manipulieren. Die Rolle des Verkäufers als Manipulator des Kunden tritt in dem Augenblick zurück, in dem der Verkäufer keine vorgefertigten Produkte mehr an den Mann bringen muß. Bei der Herstellung von Virtuellen Produkten kommt es in erster Linie darauf an, die Kundenwünsche zu erkennen und zu befriedigen. Die Ausrichtung an totaler Kundenzufriedenheit ist die einzige Gewähr dafür, am Markt bestehen zu können. Es wird nicht mehr derjenige siegen, der die Kundenwünsche am besten erraten hat bzw. den Kunden am besten manipulieren kann, sondern derjenige, welcher Kundenwünsche und Kundenprobleme am besten erkennt und zusammen mit dem Kunden als Problembesitzer diese lösen kann.

Die Bedeutung von Ballungsgebieten und Einkaufszentren wird daher tendenziell zurückgehen, auch der Bereich des Verkaufs wird sich in Zukunft verstärkt nach Cyberspace verlagern. Schon jetzt bietet unter anderem bei CompuServe eine große Anzahl von Unternehmen ihre Waren und Dienstleistungen sehr treffend unter der Beziehung »Electronic Mall«, d. h. elektronische Einkaufspassage, an. In dem ganzen Verfahren ist die Produktion völlig dienstleistungsorientiert, die Einzelhändler der Zukunft werden in vielen Sektoren Berater sein. Wieweit diese Berater Teil der Unternehmensorganisation des Produzenten sind, kann man dabei nicht sagen. Es wird sich wahrscheinlich so entwickeln, daß Kunde, Berater und der jeweils dafür am besten geeignete Produzent das Produkt erstellen. Beim Produzenten kann es sich dabei wiederum um eine Vielzahl von einzelnen Produzenten handeln, welche jeweils dies spezielle Produkt herstellen. Die nächste Bestellung jedoch wird wieder von einer anderen Konstellation von Herstellern erzeugt.

Welche Konsequenzen wird das vermehrte Auftreten Virtueller Produkte auf das Konsumentenverhalten haben, werden die Konsumenten souveräner, reifer, weniger verführbar?

Die Vorstellung von einer individuellen Produktion, die auf »Problemlösung« beruht, suggeriert eine bessere Welt mit reiferen, rationaleren Konsumentenentscheidungen. Eine solche Entwicklung ist sicherlich wünschenswert, sie ist jedoch keineswegs zwangsläufig, und es lassen sich auch andere Szenarien vorstellen.

Durch die Möglichkeiten des »Customizing« wird dem Kunden die Möglichkeit gegeben, seine Bedürfnisse zu erkunden und sich die

Produkte quasi nach Maß herstellen zu lassen, die seinen Anforderungen entsprechen. Es ist deshalb denkbar, daß der Konsument mit dieser Art von Produkten länger zufrieden ist, eben weil sie seinen Wünschen weitestgehend entsprechen.

Folgende Punkte sind jedoch zu bedenken: Vorstellungen und Wünsche sind weder objektiv noch subjektiv konstant. Was ein Konsument heute noch selbst bei sorgfältiger Betrachtung und Beratung als sein persönliches Bedürfnis erkennt, kann schon morgen ganz anders aussehen. Die Möglichkeit, sich seine Produktwünsche fast vollkommen erfüllen zu lassen, birgt auch die Gefahr der ständigen Unzufriedenheit.

Für das neue, auf die individuellen Wünsche bezogene Marketing besteht die Gelegenheit, die vermeintliche Problemlage des einzelnen Konsumenten ständig zu manipulieren. Er wird auf diese Weise nicht nur unzufrieden gemacht, sondern ihm wird gleichzeitig mit dieser Manipulation auch ein neues Produkt als die Lösung angeboten. War früher zwischen dem Wunsch und seiner Realisierung noch eine Art Puffer vorhanden, weil es das Wunschprodukt einfach nicht gab und der Konsument sich deshalb mit seinem jetzigen Produkt zufriedengeben mußte, so existiert dieses Hindernis in der Welt der Virtual Products nicht mehr. Das große Problem von Cyberspace ist, daß es kein Land des Mangels, sondern des Überflusses ist.

Der Konsument weiß, daß Wünsche nicht Wünsche bleiben müssen. Der Grund, von einem Kauf abzusehen, weil nicht das Richtige angeboten wird, entfällt, das Ergebnis der Virtuellen Produkte wäre in diesem Fall eine Gesellschaft von lauter unreifen, »quengelnden« Konsumneurotikern.

Die Entwicklung muß jedoch nicht in dieser Richtung verlaufen, es handelt sich nur um ein extremes Szenario. Es wird eine wesentliche Aufgabe von Erziehung sowie auch einer neuen Wirtschaftsordnung sein, dieser Tendenz entgegenzuwirken.

Virtuelle Produkte: Einige Beispiele

Für die Virtuellen Produkte gibt es eine Reihe von Beispielen. Teilweise wird diese Produktionsform schon in bestimmten Aspekten angewendet, wenn auch noch nicht unter Verwendung von High-Tech-Informationsverarbeitung. Virtuelle Produkte haben überall dort eine Tradition, wo handwerkliche Fertigung noch vorherrscht oder wo sie eingesetzt wurde, bevor die industrielle Massenproduktion einsetzte und sie verdrängte. Die Rückkehr zur Einzelfertigung wird durch das Virtuelle Produkt wieder möglich, diesmal mit High-Tech, als »Maßanfertigung von der Stange«.

Auch andere Produkte sind für eine Virtuelle Produktion, das heißt mit dem Virtuellen Produkt als Vorstufe, besonders gut geeignet. An einigen Beispielen soll das Konzept dargestellt werden. Die Liste ließe sich schon jetzt mit etwas Phantasie erheblich erweitern und wird durch neue technische Möglichkeiten auch bei noch utopisch anmutenden Verfahren bald in den Bereich der Realität kommen.

Das Thema der Virtuellen Produkte ist faszinierend. Die folgende kleine Auswahl soll deshalb auch nur ein erster Einstieg in diese Welt sein und dem Leser zeigen, wie die Produktionsmethoden der Zukunft aussehen werden, die auch die Arbeitswelt des Selbständigen von morgen sein wird.

- Autoproduktion
- Oberbekleidung, Schuhe
- Programmierung
- Hausbau
- Möbel, Einrichtungen
- Sofortdienste
- Filmproduktion

Beispiel: Automobilbau

Früher, zu Beginn der industriellen Massenproduktion, galt der Grundsatz des alten Henry Ford, daß der Kunde die Tin Lizzy in jeder Farbe haben könne, solange es nur Schwarz sei. Inzwischen geht der

Trend im Automobilbau dahin, daß es kaum noch ein Auto gibt, das dem anderen wirklich gleicht. Der Kunde bestellt heute nur scheinbar einen Autotyp, tatsächlich bestellt er sich aber sein spezielles Auto. Das Wunschauto des Kunden wird vor seiner eigentlichen Fertigung aus einer großen Auswahl von Ausstattungsvarianten zusammengestellt, so daß Tausende von verschiedenen endgültigen Ausführungen möglich sind. Das gekaufte Produkt ist bei seiner Bestellung noch nicht hergestellt, sondern wird für ihn angefertigt. Was noch fehlt, um das moderne Auto in die Gruppe der Virtuellen Produkte aufnehmen zu können, ist die Möglichkeit, es vor seiner wirklichen Produktion als Virtuelles Objekt für den Kunden zu realisieren.

Das Autohaus der Zukunft wird technisch so ausgerüstet sein, daß der Käufer sein Wunschauto nicht nur sofort auf dem Bildschirm sehen kann. Er wird auch in die Virtuelle Realität einsteigen, das Auto in allen Einzelheiten besichtigen können und sogar eine Probefahrt machen. Das Produkt »Auto« wird schon vor seiner materiellen Produktion als Virtuelles Objekt geschaffen und erfüllt damit die Anforderungen an Schnelligkeit und »Customizing«. In den Entwicklungsabteilungen der Automobilhersteller sind die Möglichkeiten von der Technik her schon vorhanden, es fehlt noch die Rechen- und Übertragungskapazität, um solche aufwendigen Simulationen im großen Stil machen zu können. Bei der bisherigen Schnelligkeit der Entwicklung auf diesem Gebiet wird sich das wahrscheinlich schon bald ändern. Der Aufwand erscheint groß, tatsächlich ist er bei dem herkömmlichen Autoverkauf, mit Ausstellungshallen, Vorführwagen, Probefahrten usw., auch nicht gering, und trotz dieses Aufwands ist es meist nicht möglich, dem Kunden sein Wunschfahrzeug vorzuführen. Der Autohersteller der Zukunft wird seine Stellung am Markt dadurch behaupten, daß er die individuellen Wünsche des Kunden möglichst vollkommen und schnell erfüllt, daß er in der Lage ist, seinem Kunden dessen Traumauto zu bauen. Die Grenzen beim »Customizing« im Automobilbau liegen zum einen in der Wirtschaftlichkeit, wobei durch neue Technologien in Zukunft sehr kleine Serien oder auch Einzelfertigungen rentabel sein können. Die andere Grenze liegt in den gesetzlichen Bestimmungen, wie beispielsweise Sicherheitsbestimmungen bei Kraftfahrzeugen. Es wird sicherlich nicht dem einzelnen Kunden überlassen werden können, wie er seine Bremsanlage auslegen möchte.

Dieser Trend zum Traumauto wird sich auch in der Automobilbranche weiter durchsetzen, der Verkauf muß sich dann noch wesentlich mehr auf Bedarfserkennung und Bedarfsdeckung bei den Kunden hin ausrichten, zungenflinke Autoverkäufer werden verstärkt dem qualifizierten Berater weichen.

Beispiel: Bekleidung

Als Virtuelle Produkte sind besonders solche geeignet, die einen besonderen Vorteil bei individueller Anfertigung bringen, die traditionell handwerklich angefertigt wurden und durch Massenfertigung nur verdrängt wurden, weil diese der handwerklichen Fertigung preislich überlegen war.

Ein typisches Beispiel für ein solches Produkt sind höherwertige Bekleidungsstücke, d. h. Anzüge, Jacken, Mäntel usw. Es kann erwartet werden, daß die Konsumenten besonders in diesem Bereich individuelle Anfertigung zu schätzen wissen. Die Schneiderwerkstatt der Zukunft wird mit modernster Technik ausgestattet sein und eher von einer Mischung aus Informatikerin und Schneiderin geleitet werden.

Das jetzige Verfahren läuft gewissermaßen noch in den Bahnen industrieller Fertigung. Die Kleidungsstücke werden nach den vermuteten Kundenwünschen hergestellt auf der Grundlage von statistisch ermittelten Körpermaßen. Sie werden nach ihrer Fertigstellung dann vermarktet, indem für sie geworben wird und sie über den Bekleidungseinzelhandel bzw. -versandhandel vertrieben werden.

Der Kunde muß das Produkt, das ihm zusagt, d. h. körperlich und geschmacklich, aus der Vielzahl der vorgefertigten Produkte heraussuchen. Wie jeder weiß, kann das viel Zeit kosten und gelingt einem auch dann häufig nur sehr unvollkommen.

Die virtuelle Version des Kleidungskaufs wird so aussehen, daß der Kunde zu einem Bekleidungsgeschäft geht, das mehr ein technisiertes Beratungsbüro ist, wo nur noch wenige vorgefertigte Stücke auf ganz eilige Abnehmer warten. Er wird dort elektronisch vermessen, und von ihm wird ein dreidimensionales Bild erzeugt und im Computer abgespeichert. Anschließend sucht er sich entweder vom Bildschirm oder aus realen Stoffmustern den ihm zusagenden Stoff heraus, inklusive der dazugehörigen Accessoires, wie zum Beispiel Knöpfe.

Das Kleidungsstück wird dann nach diesen Vorstellungen von einem Hochleistungsrechner virtuell erzeugt und dem Modell des Kunden angezogen. Er kann sich in den unterschiedlichen Stücken von allen Seiten und in jeder gewünschten Körperhaltung betrachten und, falls nötig, noch weitere Modifikationen vornehmen lassen – Modenschau in Cyberspace.

Die Daten des endgültigen Virtuellen Produkts werden dann on line an die Fertigung weitergegeben, wo computergesteuerte Maschinen die Herstellung dieses speziellen Kleidungsstücks übernehmen. Diese kann im gleichen Haus sein oder in Hongkong, für die Produktion wäre das unwichtig.

Die Entwicklung des Produktionsverfahrens ist auch in diesem Beispiel zur Maßanfertigung zurückgegangen, aber auf technisch neuem Niveau, »rückwärts blickend in die Zukunft«, wie Davidow/Malone es nennen.

Beispiel: Hausbau

Das Produkt, das die längste Vorgeschichte als Virtuelles Produkt hat, ist wahrscheinlich das nach individuellen Wünschen erstellte Gebäude.

Ein Haus wird zusammen mit einem Architekten mit dem Bauherrn als Kunden nach dessen Bedürfnissen entworfen. Es wird vor der realen Produktion, also vor dem Bau, ein Virtuelles Produkt erstellt, es werden Bauzeichnungen gemacht, manchmal auch ein dreidimensionales Modell. Dieses Virtuelle Produkt – und das sind schon die Zeichnungen und Skizzen – wird mit den Beteiligten überarbeitet, bis es den Wünschen und Bedürfnissen des Auftraggebers entspricht. Ein Architekt hat sich deshalb schon seit jeher als Problemlöser angesehen, der nicht gebaute Häuser verkauft, sondern Häuser nach den Bedürfnissen des Konsumenten erstellt. Es ist offensichtlich, daß es auch hier, besonders im Bau von Einfamilienhäusern, in den letzten Jahrzehnten Ansätze von Massenproduktion gegeben hat, doch sind diese eigentlich untypisch.

Wenn das Virtuelle Produkt, d. h. der Entwurf des Gebäudes, den Wünschen des Bauherrn entspricht, wird es gebaut. Das heißt, das Haus wird von einer Anzahl von Spezialisten in Zusammenarbeit erstellt: Maurer, Zimmerleute, Elektriker, Installateure, Maler und viele andere. Auch während dieser Erstellungsphase kann der Bauherr als Auftraggeber noch den Verlauf des Projektes beeinflussen.

Man kann an diesem Beispiel gut sehen, daß es beim Virtuellen Produkt in erster Linie auf die Eigenschaft ankommt, daß es zum Zeitpunkt des Verkaufs noch nicht real existiert. Auch wenn der Plan des Hauses ohne jegliche Mitwirkung von High-Tech-Informationsgeräten entstanden wäre und das Haus nach der Erstellung des Plans ganz allein von einem Arbeiter gebaut worden wäre, hätte es sich doch um ein Virtuelles Produkt gehandelt. Davidow/Malone nennen zwar als zweite Eigenschaft des Virtuellen Produkts, daß es möglichst in »real-time« hergestellt wird, dies ist aber nicht notwendig, wenn es auch für die moderne Form dieser Produktionsweise typisch ist.

Im Bereich Bau/Architektur ist das Konzept des Virtuellen Produkts traditionell verwurzelt, es wird in seiner modernen Cyberspace-Version diesen Bereich revolutionieren. Es war noch nie vorher möglich, große Projekte, wie es Bauprojekte nun einmal sind, vor ihrer Realisierung zu beurteilen, sie zu sehen. Das fertige Objekt hatte bis zu seiner Fertigestellung trotz aller Bemühungen immer ein erhebliches Überraschungsmoment für alle Beteiligten. Die Realität der Zukunft wird sein, daß Architekt, Bauherr und die am Bau Beteiligten diesen schon kennen, in ihm gewesen sind, bevor dieser gebaut wurde. Der eigentliche Bau findet in der Virtual Reality statt, hier steht das Gebäude – das reale Haus ist eine Kopie seines virtuellen Gegenstücks.

Beispiel: Programmierung

Die Erstellung von modernen Computerprogrammen hat zwei Wege beschritten, um das Konzept des Virtuellen Produktes zu verwirklichen.

Ausgehend von der Forderung an die Produktion, daß ein modernes Produkt möglichst völlig den Anforderungen des Verbrauchers entsprechen muß, außerdem schnell verfügbar und preisgünstig sein soll, wird in immer stärkerem Maß auf Standard-Software gesetzt, welche entweder durch den Kunden oder einen Spezialisten an die besonderen Anforderungen angepaßt wird. Was dem Kunden eigentlich geliefert wird, ist ein abgestimmter und spezialisierter Werkzeugkasten, aus dem der Kunde die benötigten Teile auswählt und diese auch noch weitgehend nach seinen Vorstellungen verändern kann. Es werden wieder die Anforderungen an das Virtuelle Produkt erfüllt, typisch ist auch hier, daß der Kunde eng in die Produktion einbezogen wird, daß er hier sogar einen Teil der Produktion selbst vornimmt.

In diesem Zusammenhang ist auch das zunehmend verbreitete Konzept des VAR (Value-added Reseller) zu sehen. Dieser ergänzt ein vorgefertigtes Massenprodukt durch wertschöpfende Bearbeitung, das Produkt wird durch ihn »customized«, also eine Spezialanfertigung für einen bestimmten Kunden. Dieses Verfahren wird häufig eingesetzt, sei es bei der Modifikation von Standard-Software, sei es bei der Veränderung von Autos nach speziellen Wünschen des Kunden. Mit fortschreitender Fertigungstechnik wird dies jedoch häufig direkt vom Produzenten übernommen werden, ohne Zwischenschaltung eines »Customizers«.

Die andere Variante von Software als Virtuellem Produkt ist die Programmierung durch Prototyping. Bei diesem Verfahren wird zusammen mit dem Auftraggeber ein Modell des Programms erstellt, werden die Fähigkeiten und Funktionen modelliert und dann in einen leistungsfähigen Programm-Code umgesetzt. Dieses eigentliche Programmieren, also Entwickeln einer Software, wird dabei immer stärker von anderen Programmen durchgeführt, die Programme aus leicht modifizierbaren Modulen zusammenbauen.

Beispiel: Einrichtungen

Es sind im Einrichtungsbereich bereits einige Tendenzen zu erkennen, die Einrichtung von Wohnungen, Büros, Werkstätten und ganzen Fabriken als Virtuelles Produkt zu gestalten. Die Problemlage ist auf diesen Gebieten typisch für Virtuelle Produkte: Für eine spezielle Problemlage soll zusammen mit dem Auftraggeber eine Problemlösung in der Virtual Reality erzeugt werden, die anschließend realisiert wird.

Durch die Leistungsfähigkeit moderner Rechner ist es möglich, sowohl von den Räumen als auch von den Einrichtungsgegenständen Virtuelle Objekte zu erzeugen, also dreidimensionale Modelle, die in einem Computer gespeichert sind. Diese Elemente lassen sich als Kücheneinrichtung in das virtuelle Abbild einer vorhandenen Küche einpassen. Es existiert damit in Cyberspace schon die zukünftige Küche. Der zukünftige Benutzer kann mit entsprechender Ausrüstung in diese Küche gehen, sich dort bewegen und so ausprobieren, ob die Anordnung der Einrichtung seinen Vorstellungen entspricht. Die reale Küche wird dann nach diesem Modell erstellt und eingebaut. Der Effekt ist hier wie auch sonst bei dem Konzept, daß der Kunde die für ihn hergestellte Ware schon genau gekannt hat, bevor sie real produziert wurde.

Dieses Konzept der virtuellen Einrichtung wird eines seiner großen Anwendungsgebiete im Bereich Büroeinrichtung und Fabrikeinrichtung haben. Es ist offensichtlich, daß besonders in diesen Bereichen eine komplexe und einmalige Problemlage besteht. Eine Problemlösung und »Realisierung« in Cyberspace hat wie immer den großen Vorteil, daß ein realistisches Modell der endgültigen Lösung erstellt werden kann, es ausprobiert werden kann. Der Auftraggeber kann die Projektlösung ausgiebig testen, und viele, die später in diesem Büro oder der Fabrik arbeiten werden, können schon vor deren Erstellung einen Probelauf in der Virtuellen Realität machen.

Beispiel: Sofortdienste

Wenn Davidow/Malone als ein wesentliches Merkmal des Virtuellen Produkts die Schnelligkeit seiner Realisierung nennen, dürfen natürlich die Produkte nicht unbeachtet bleiben, welche die Schnelligkeit zum wesentlichen Produktmerkmal gemacht haben, nämlich die Sofortdienste aller Art.

Als ein Beispiel für alle soll der Sofortdruck von Briefpapier, Geschäftskarten, Grußkarten, Urkunden und weiterem dienen. Schon einfache Desktop-Publishing-Programme sind in der Lage, Texteingaben nach Vorgaben zu formatieren und dem Anwender auf dem Bildschirm sofort das naturgetreue Bild des späteren Produktes zu zeigen, das dann beispielsweise auf einem Laserdrucker ausgedruckt wird. Sowohl der Text als auch die Positionierung, die Schriftart und Schriftgröße können vom Kunden selbst gewählt werden. Es handelt sich um ein typisches Virtuelles Produkt. Es ist »customized«, es wird vor seiner Realisierung in Cyberspace hergestellt, seine Realisierung erfolgt in kürzester Zeit, und der Kunde ist Mitproduzent.

Beispiel: Filmproduktion

In der Produktion von Filmen zeichnet sich immer häufiger eine Tendenz ab, daß Teile des Films in der Virtual Reality stattfinden, und die Entwicklung wird wahrscheinlich dahin gehen, daß der gesamte Film zumindest als Prototyp vollständig in der Virtual Reality hergestellt wird. Ob danach eine Realfassung mit wenigstens einigen »Fleisch-und-Blut«-Schauspielern erzeugt wird, wird mehr zu einer Frage des Marketings als der technischen Notwendigkeit. Man kann aber annehmen, daß in den Filmen der Zukunft zumindest Kulissen, Komparsen, Massenaufnahmen und natürlich die phantastischsten Stunts Produkte der Virtual Reality sein werden.

Die Herstellung des Films in der Virtual Reality bedeutet, daß eine perfekte Realisierung von Visionen des Drehbuchs und des Regisseurs möglich ist. Darsteller können entweder als virtuelles Duplikat eines wirklichen Menschen erzeugt werden oder von Aussehen, Bewegung und Sprache her genau nach den Wünschen des Herstellers erstehen. Für Regisseur und Produzent wird der wichtigste Vorteil aber sein, daß sie genau das machen, was von ihnen verlangt wird. Diese Kunst-Schauspieler werden immer ihre Texte können, sie werden sich nie versprechen, sie werden immer pünktlich sein und keine wahnwitzigen Gagenforderungen stellen. Ob sie aber beim Publikum die gleiche Begeisterung auslösen wie richtige Filmstars, bleibt noch abzuwarten.

Als Endstufe des Films als perfektes Virtuelles Produkt kann das »interaktive Fernsehen« angesehen werden, wo der Betrachter eines Films während dessen Ablauf den weiteren Verlauf der Handlung selbst bestimmen kann. Das Produkt läßt sich in »real-time« nach den speziellen Wünschen des Endverbrauchers gestalten, der Kunde ist gleichzeitig Produzent und Konsument der Ware. Der Film wird zur materiellen Umsetzung der Phantasie des Individuums. Ob es sich bei dieser Entwicklung um einen kulturellen Fortschritt handelt, kann durchaus bezweifelt werden. Sie würde in dieser Form mit Sicherheit das Ende der Kunst bedeuten – die Folge wäre Romeo und Julia mit Happy-End.

Das Virtuelle Unternehmen (The Virtual Corporation)

Was ist ein Virtuelles Unternehmen?

> »Das Rohmaterial der Volkswirtschaften der Zukunft wird nicht Öl oder Stahl sein, sondern Hirn, Know-how und Fertigkeiten. . . . Technologie wird gewissermaßen verstärkt zu einem reinen Wirtschaftsgut. Das Spiel heißt heutzutage, die Brücke zwischen Technologie und Konsumenten zu sein.«
>
> *Carlo de Benedetti, Vorstandsvorsitzender von Olivetti*[57]

Moderne Technologie hat es möglich gemacht, daß kleine Firmen und Ein-Personen-Unternehmen heute so leistungsfähig sind wie vor kurzer Zeit nur Großunternehmen. Mit einem modernen Personalcomputer, Modem und Drucker sowie einiger Standard-Software ist heute ein Selbstangestellter in der Lage, eine Datei mit Tausenden von Kunden-Stammdaten zu verwalten, Serienbriefe zu schreiben, Werbungen zu entwerfen, Datenbanken abzufragen, Faxe zu empfangen und zu versenden. Er kann weltweit in seinem Geschäftsbereich tätig werden und ist technisch durchaus auf einem vergleichbaren Niveau wie ein Weltunternehmen. Aber auch so ausgerüstet ist das Ein-Mann- (oder Frau-)Unternehmen nur begrenzt in der Lage, größere Projekte durchzuführen. Es fehlen spezielle Kenntnisse, man kann entweder den Arbeitsanfall allein nicht bewältigen, oder es fehlen Kapazitäten und Geld.

Die Lösung dieser Probleme liegt häufig in der Zusammenarbeit der Kleinen, im Eingehen von Partnerschaften auf verschiedenen Ebenen.

»Ironischerweise«, schreibt D. L. Boone von KnowledgeNet, »sind vielleicht organisatorische Neuerungen in großen Unternehmen der Schlüssel zum Erfolg von Kleinunternehmen.«

Partnerschaften, Kooperationsabkommen und Joint-ventures sind bei größeren Unternehmen an der Tagesordnung, aber auch bei Einzelunternehmen und im Mittelstand geht der Trend in Richtung Zusammenarbeit, auf amerikanisch »networking«.

Das neueste Konzept auf diesem Gebiet ist die »Virtual Corporation« (deutsch: das Virtuelle Unternehmen).

»Vom unternehmerischen Blickpunkt aus ist die vom Wohnsitz aus operierende *Virtual Corporation* die dramatische Abkehr vom traditionellen Verhalten.«[38]

Dieses Konzept hat seinen Ursprung in Großunternehmen, es ist aber auch ideal für die Zusammenarbeit von kleinen und kleinsten Unternehmen geeignet. Davidow/Malone nennen die Virtual Corporation »das Herz der neuen Wirtschaftsrevolution«.[39]

Auch wenn der Begriff der »Virtual Corporation« allgemein bisher nur selten anzutreffen ist, vergeht doch inzwischen kaum ein Tag, wo nicht die neue Welt des On-line-Arbeitens, der Vernetzung von externen Arbeitsplätzen angesprochen wird. Meist wird dabei nicht viel mehr gesagt, als daß dieser Arbeitsorganisation die Zukunft gehört, daß sie zusammen mit technischen Einrichtungen wie dem Information-Highway kommen müsse und kommen werde. Was jedoch fast durchgehend fehlt, sind eine Vorstellung und ein Plan bei den Verantwortlichen in Staat und Gesellschaft, wie diese Arbeits- und damit auch Lebenswelt der absehbaren Zukunft aussehen wird und aussehen soll.

»Kennzeichen des virtuellen Unternehmens sind die fließenden und durchlässigen Grenzlinien des Unternehmens, es wird schwieriger, aber auch unwichtiger, zu bestimmen, was innerhalb und was außerhalb der Unternehmung liegt. Ebenso unbedeutend werden die Unterschiede zwischen den einst klar definierten Lieferanten, Herstellern, Zwischenhändlern, Einzelhändlern, Kunden, selbst zu den Wettbewerbern.«[40] Die Eigenschaften der Virtual Corporation sind:

- Problemlösungsorientiertheit
- Schnelligkeit
- Anpassungsfähigkeit
- Partnerschaftsorientiertheit

Daß Schnelligkeit ein wesentlicher Faktor in der modernen Produktion besonders von Virtuellen Produkten ist, wurde schon eingehend dargestellt. Die Virtual Corporation muß aufgrund ihrer speziellen Eigenschaften in der Lage sein, diesen Anspruch zu erfüllen.

Neben der Schnelligkeit ist die Anpassungsfähigkeit an individuelle Kundenwünsche (»Customizing«) ein entscheidendes Merkmal für die Virtual Corporation.

Anpassungsfähigkeit und Schnelligkeit gehören zwar bei der Virtual Corporation zusammen, weil diese Eigenschaften von den heutigen Konsumenten erwartet werden, sie bedingen einander aber nicht notwendigerweise. Es sind durchaus sehr anpassungsfähige Systeme vorstellbar, die sehr lange Anpassungszeiten haben. Die Entwicklungsgeschichte des irdischen Lebens ist dafür ein Beispiel.

Schnelligkeit bei der Anpassung wird meist als positiv angesehen, wie die Anpassungsfähigkeit an sich, ohne daß dies weiter in Frage gestellt wird. Die Fähigkeit, sich an veränderte Umstände anpassen zu können, ist in der Tat für das Überleben aller »offenen«, d. h. mit einer Umwelt verbundenen Systeme äußerst wichtig, ohne diese Fähigkeit würden sie nicht auf veränderte Umweltbedingungen eingehen können. Diese Anpassung muß auch schnell genug sein, damit sie rechtzeitig wirksam wird, sie kann aber auch zu schnell sein. Für die Stabilität eines Systems kann es durchaus nachteilig sein, wenn es zu »offen« ist, wenn also zwischen dem System und der Außenwelt keine ausreichenden Puffer bestehen. Diese Aussage erscheint auf den ersten Blick etwas sehr abstrakt, sie besagt aber nichts anderes, als daß ein gewisses Beharrungsvermögen, eine gewisse Gelassenheit durchaus von Vorteil sein können. Sofort auf kleinste Veränderungen zu reagieren ist häufig nicht sinnvoll, schon die Erfahrung im täglichen Autoverkehr zeigt, wie leicht man ins Schlingern geraten kann.

Es ist leicht zu sehen, daß diese Aussage auch für die Organisation von wirtschaftlichen und anderen sozialen Systemen gilt.

In einer Virtual Corporation wird die nötige Anpassungsfähigkeit durch eine variable Unternehmensorganisation erzielt. Geeignete spezialisierte Subunternehmen finden sich nach Bedarf zusammen, die Produktion wird nach dem Baukastenprinzip durchgeführt.

Ein weiteres Merkmal der Virtual Corporation ist die Konzentration auf »Problemlösung« als eigentliche Aufgabe, als Vorbedingung für das »Customizing«. Die Virtual Corporation ist dienstleistungsorientiert, »zentraler Punkt des virtuellen Unternehmens ist der Kunde, um dessen Wünsche und Bedürfnisse herum sich das virtuelle Unternehmen strukturiert«.[41]

Die Aufgabe der Virtual Corporation wird dadurch charakterisiert, daß es in Zukunft für Unternehmen immer wichtiger sein wird, das zur Verfügung stehende Wissen innerhalb und außerhalb der eigenen Organisation zu erfassen und rechtzeitig nutzbar zu machen, was von A. Ziegler in seinem Buch »Deutschland 2000« als »Management des Wissens« bezeichnet wird.[42]

Wie die »Schnelligkeit« an sich durchaus auch negative Seiten hat, sind auch »Problemlösungsfähigkeit« und »Customizing« zwar mit positiven Vorstellungen verbunden, aber sie sind auch nicht unproblematisch.

Das grundlegende Konzept der Virtual Corporation ist die Partnerschaft, die Kooperation ihrer Mitglieder. Sie lebt von der Notwendigkeit und Fähigkeit der Beteiligten, Partnerschaften einzugehen.

Die Virtual Corporation besteht aus wechselnden Partnerschaften, aus Koalitionen einzelner Komponenten. Die Forderung nach Schnelligkeit und die größere Bandbreite der durch das »Customizing« zu bewältigenden Aufgaben machen es notwendig, daß der einzelne sich immer mehr spezialisiert, um diesen Anforderungen nachkommen zu können. Es ist deshalb auch nicht mehr möglich, daß die Unternehmen Spezialisten für alle denkbaren Aufgaben »bevorraten«, weil sie diese nicht auslasten könnten. Die Palette der Tätigkeiten der Virtual Corporation wird immer breiter, ihr Betätigungsfeld ist das Problemlösen, für die Durchführung der entwickelten Strategien werden dann Spezialisten für die verschiedenen Teilaufgaben gebraucht. Diese Spezialisten verbinden sich zu einem temporären Unternehmen, der Virtual Corporation. Eine Stelle überwacht ihre Tätigkeiten und koordiniert den Projektablauf. Es ist offensichtlich, daß diese Art der Zusammenarbeit zum einen eine große Koordinationsleistung bedeutet und zum anderen große Anforderungen an die Fähigkeit zur Kooperation stellt.

Es gibt hauptsächlich zwei verschiedene Definitionen der Virtual Corporation. Von verschiedenen Merkmalen ausgehend, kommen sie jedoch inhaltlich zu ähnlichen Resultaten.

Der eine Ansatz ist das Konzept von Davidow/Malone, wie sie es in ihrem Buch »Das virtuelle Unternehmen« verwenden. Die Autoren gehen bei ihrer Definition von der Vorstellung des »Virtuellen Produktes« aus.[43] Wie oben gezeigt, ist dies ein Produkt, das zum Zeitpunkt seines Verkaufs noch nicht existiert und innerhalb kürzester Zeit nach Kundenwünschen hergestellt wird.

»Für das Virtuelle Unternehmen kommt es nicht länger darauf an, Verfahren zu besitzen, sondern Ereignisse zu steuern.«[44]

Davidow/Malone bezeichnen Unternehmen, welche virtuelle Produkte herstellen, als »Virtuelle Unternehmen«. Eigentlich müßte man ein solches Unternehmen als »Virtual Products Corporation« bezeichnen. Es ist rein logisch nicht zwingend, die Eigenschaft eines Produktes auf das produzierende Unternehmen zu übertragen, wenn es in manchen Fällen auch durchaus angebracht ist.

»Die Virtual Corporation ist ein zeitweiliges Netzwerk von unabhängigen Unternehmen, welche durch Informationstechnologien verbunden sind, um Fähigkeiten, Kosten und den gegenseitigen Marktzugang zu teilen. ... Sie (die Virtual Coporation) wird keine Hierarchie haben, keinen vertikalen Aufbau.« Weiter schreiben sie: »Fließend und flexibel – eine Gruppe von Zusammenarbeitenden (›collaborators‹), die sich schnell vereinen, um eine bestimmte Gelegenheit auszunutzen. Sobald die Gelegenheit genutzt wurde, wird die Verbindung in den meisten Fällen sich auflösen.«[45]

Für den Außenstehenden hat diese neue Unternehmensform einen gewissen aggressiv-chaotischen Zug, die Abläufe erscheinen wie das Krocketspiel zwischen Alice im Wunderland und der Herz-Königin. Alles ist im Fluß, nichts bleibt, was es war, Strukturen und herkömmliche Rollen verändern sich. »Wie wird ein solches neuartiges Unternehmen eigentlich aussehen? Der außenstehende Betrachter sieht ein fast konturloses Gebilde mit durchlässigen und ständig wechselnden Trennlinien zwischen Unternehmung, Lieferanten und Kunden. Von innen ist das Bild nicht weniger formlos: Herkömmliche Arbeitsgruppen, Abteilungen und Unternehmensbereiche reformieren sich ständig nach Bedarf. Aufgaben und Einflußbereiche verschieben sich immer wieder – selbst der Begriff des Mitarbeiters gewinnt eine neue Facette, weil einige Kunden und Lieferanten mehr Zeit im Unternehmen verbringen als manche Betriebsangehörige.«[46]

Business Week fand das Thema der Virtual Corporation wichtig genug, um ihm eine Titelstory zu widmen. Zum Buch von Davidow/Malone heißt es: »Die beiden (Autoren) haben den Begriff ›virtual‹ so gedreht, daß es besser ›virtuous‹ heißen müßte.« Laut *Business Week* beschäftigt sich das Buch nicht eigentlich mit der Virtual Corporation, sondern ist mehr ein Kompendium moderner Managementmethoden.

Der Autor des Artikels wird dem eigentlichen Anliegen des Buches nicht gerecht. Es handelt sich hier um eine originelle Abhandlung über ein neues Konzept, es vermittelt tiefe Einsichten in das Grundkonzept der Virtuellen Produktion und ist schon jetzt ein Klassiker zu diesem Thema.

Daß aus der Sicht von Davidow/Malone, welche die Produktion in den Mittelpunkt ihrer Betrachtung stellen, moderne Managementphilosophien eine wichtige Rolle spielen, ist nicht verwunderlich. Sie zeigen aber überzeugend, daß die Virtual Corporation die Unternehmensform ist, welche diesen modernen Methoden am besten entspricht.

Die zweite, sonst allgemein verwendete Definition der Virtual Corporation geht direkt von deren Eigenschaften aus.

Dieser Ansatz versteht unter einer Virtual Corporation eine kurzfristige, »ad hoc« gebildete Organisation, die aus Teams oder Einzelpersonen besteht. Sie kommen von verschiedenen Unternehmen, Lieferanten, Kunden, Spezialisten, Beratern, sie schließen sich für ein bestimmtes Projekt zusammen und lösen sich nach seiner Beendigung wieder auf. Während des Projektes bilden diese Komponenten ein »Virtuelles« Unternehmen, welches verschiedene Formen annehmen kann.

Die Vorteile dieser Unternehmensform für das einzelne, kleine Unternehmen sind offensichtlich. Wie im Tierreich, so formen auch hier kleine Einzelorganismen eine größere Einheit, um dadurch in der Umwelt besser bestehen zu können. Schon jetzt gibt es Großunternehmen, die aus der Nähe betrachtet eine Ansammlung von kleineren Einzelunternehmen sind, die nach diesem Konzept arbeiten. Es sind nicht die Franchise-Unternehmen wie McDonalds, welche kein Zusammenschluß verschiedener Einzelunternehmen sind, vielmehr Klone eines Prototyps, sondern zum Beispiel die großen, internationalen Wirtschaftsprüfungs- und Unternehmensberatungsfirmen. Vielfach bestehen sie aus nationalen Einzelfirmen, die selbst Partnerschaften sind, wobei jeder Partner für ein eigenes Gebiet zuständig ist.

Die Virtual Corporation wird zur Lösung einer bestimmten Aufgabe gebildet und nach Erledigung dieser Aufgabe wieder aufgelöst. Die Bezeichnung »Virtual« Corporation ist auch ein Hinweis für Eingeweihte, daß es sich um ein Gebilde aus Cyberspace handelt, das durch Verknüpfung von EDV-Systemen entstanden ist.

Wie auch bei der Virtual Reality handelt es sich hierbei nicht um ein prinzipiell neues Konzept. Dieses Verfahren wird in einigen Bereichen schon lange und auch sehr erfolgreich angewendet. Wie in allen Bereichen der Virtual Reality hat das Konzept der Virtual Corporation auch hier durch den Einsatz vernetzter, leistungsfähiger Rechner eine völlig neue Qualität erhalten. Da Datenverarbeitung bei entsprechender technischer Voraussetzung praktisch ohne Zeitverlust an jedem beliebigen Ort der Erde ausgeführt werden kann und man deshalb die Kooperation der Mitglieder einer Virtual Corporation entsprechend organisieren kann, ist auch qualitativ eine neue Art von Produktion entstanden.

»Die neuen Zugriffsmöglichkeiten sind also bestens dazu gerüstet, mehr Flexibilität in die Arbeitswelt zu bringen. Doch nicht nur Außendienstmitarbeiter und Außenstellen profitieren von dem flexiblen Zugriff auf die Ressourcen des Netzwerkes. Auch Telecomputing, die Möglichkeit, zu Hause zu arbeiten und dennoch sämtliche Informationen, Programme und Dienste des Unternehmens zur Verfügung zu haben, rückt damit näher. Daß Telecomputing nicht nur in den USA, sondern auch bei uns die Zukunft gehört, daran haben zumindest die Arbeitsforscher keinen Zweifel.«[47]

Die Virtual Corporation ist hauptsächlich auf das Ziel der Problemlösung ausgerichtet, sie ist als reine »Task-Force« zu verstehen, die sich zur Lösung eines Problems bildet. In einer Virtual Corporation bilden sich Strukturen, verfestigen sich und lösen sich wieder auf, so wie sich nach einem Regen Rinnsale bilden, sich zu kleinen Bächen vereinen, sich vertiefen, verfestigen, dann austrocknen und entweder verwehen oder beim nächsten Regen weiter vertiefen.

Grundlage dieser neuen Unternehmensphilosophie ist die Konzentration auf die »core competencies«, also auf die zentralen Fähigkeiten des Unternehmens, und die Fähigkeit zum »partnering«.

Paul und Sarah Edwards schreiben dazu in »Make-It-On-Your-Own« (Makeit), einem über CompuServe verbreiteten On-line-Newsletter:

»Unternehmen reduzieren sich auf einen Zustand allerhöchster Flexibilität und werden deshalb immer häufiger auf zeitweilige Netzwerke von unabhängigen Mitarbeitern, Gesellschaften, Zulieferern und sogar Konkurrenzunternehmen zurückgreifen, mit denen sie sich schnell zusammenschließen können, um sich schnell verändernde Gelegenheiten wahrzunehmen. Das bedeutet, daß man nicht mehr direkt im Verhältnis 1:1 mit seinen Kunden bzw. Klienten zusammenarbeitet, sondern daß man an Projekten in einem Team mitarbeitet, das aus anderen Klienten, Anbietern und ›Freelancers‹ besteht. Um in einer solchen Virtual Corporation erfolgreich mitarbeiten zu können, bedarf es neuer Fähigkeiten, die sich erheblich unterscheiden von denen, welche in einem herkömmlichen Großunternehmen verlangt wurden. Diese Fähigkeiten entsprechen jedoch weitgehend dem, was von einem Selbständigen schon immer verlangt wurde.«

1. Spezialisierung auf eine Markt- oder Tätigkeitsnische (»Nichemanship«

Wir müssen unser Gebiet abstecken. Wir werden nicht als Generalisten überleben, die alles für jeden machen können. Genauso, wie unsere Klienten den besten Experten für ihre Bedürfnisse haben wollen, wird ein Arbeitsteam aus den ›besten‹ verfügbaren Experten für jeden Aspekt des Projektes zusammengesetzt sein.«

Besonders als Teil einer Virtual Corporation muß man sich auf seine core competencies besinnen und beschränken, auf die »Schlüssel-Fähigkeiten, die wir in eine fortlaufende Serie von strategischen Allianzen einbringen«, denn die Besinnung auf diese Fähigkeiten und das damit verbundene Outsourcing sind die Grundlage der Virtual Corporation.

2. Einfühlsamkeit (»Congeniality«)

Virtual Corporations bestehen im wesentlichen aus einem Netzwerk von Gleichgestellten (»teams of peers«), die sich gegenseitig respektieren. Wörtlich schreiben Paul und Sarah Edwards: »Das bedeutet, wir müssen ›nett‹ sein. Wir müssen Beziehungen kultivieren und pflegen, damit ein Team auf uns positiv reagiert, wenn es jemand sucht, der das tut, was wir tun.«

3. Partnering

Das Eingehen von Partnerschaften und das Herausfinden von geeigneten Partnern werden immer wichtiger. Nur wer in der Lage ist, solche Partnerschaften einzugehen und zu pflegen, wird in einer

Wirtschaftsgesellschaft, die stark von der Virtual Corporation geprägt ist, überleben können. »Wir müssen uns gut verheiraten können.«[48]

4. Die Win/win-Verhandlung

Wie schon an anderen Stellen, so wird auch hier betont, daß ein Konzept des Win/win bei Verhandlungen angestrebt werden muß, was bedeutet, daß Situationen nicht als Nullsummenspiele betrachtet werden dürfen. Das Ziel einer Verhandlung sollte immer sein, daß die Partner gemeinsam eine Lösung finden, von der sie alle mehr profitieren als von einer Konfrontationsstrategie. »Das Thema des Tages ist Zusammenarbeit, nicht Wettbewerb. ... Keine ... ›Laßt-die-Hundesöhne-bluten‹ (make the bastards bleed)-Mentalität.« Die Autoren fahren fort: »Schließlich kann in der neuen wirtschaftlichen Realität der Konkurrent von heute der Partner von morgen sein.«[49, 50]

5. »Teambuilding«: Die Fähigkeit zur Mannschaftsbildung.

Da die Virtual Corporation aus sich ständig neu zusammensetzenden bzw. verändernden Teams besteht, wird ein Verständnis von gruppendynamischen Zusammenhängen immer wichtiger sein. Die Unterscheidung zwischen »Insidern« und »Outsidern« verliert zunehmend an Gewicht. »Die Fähigkeit, Konflikte zu erkennen und zu lösen, wird dabei immer wichtiger werden.«[51]

Hier liegt ein weiteres großes Betätigungsfeld für entsprechend ausgebildete Fachkräfte, welche die Virtual Corporation nach modernen Grundsätzen koordinieren und leiten.

Formen der Zusammenarbeit (Partnerschaften)

Die Virtual Corporation lebt von dieser Fähigkeit, zusammenzuarbeiten, nicht zu dominieren, den Konsens zu suchen. Daher ist auch im Bereich des Wirtschaftens das Paradigma des Nullsummenspiels nicht mehr zeitgemäß, wenn es das überhaupt jemals war und nicht nur dem Zeitgeist entsprach. Das Kennzeichen des Nullsummenspiels ist es, daß die Spieler um einen (meistens festen) Gewinnbetrag spielen. Der Gewinn des einen Spielers ist dabei immer der Verlust des anderen, daher addieren sich alle Gewinne und Verluste zu Null auf.

Es ist erforderlich, sich von der Vorstellung des Wirtschaftslebens als Nullsummenspiel zu befreien. Moderne Arbeitsformen wie die Virtual Corporation gehen nur über den Weg der Kooperation, des Eingehens von Partnerschaften. Diese Fähigkeit, die im Amerikanischen als »partnering« bezeichnet wird, ist im wesentlichen dadurch geprägt, daß die Beteiligten den Erfolg im gemeinsamen Erreichen eines Ziels erkennen.

»Partnering« bezeichnet die Fähigkeit, die Partner für ein Projekt auszusuchen, sich als »partnerschaftsfähig« darzustellen, und das nicht zuletzt dadurch, daß man die konfliktlösenden und zielfindenden Techniken beherrscht, die ein partnerschaftliches Zusammenarbeiten erst möglich machen. Diese sind die gemeinsame Problemlösung, das Konsensfinden, das Eingehen von Verbindungen. Der Schwerpunkt im Verhalten wird sich von Konfrontation auf Kooperation verlagern. Der Aufbau von Virtual Corporations setzt psychologisch-emotionale, aber auch organisatorische Fähigkeiten voraus. Es handelt sich hierbei um Gebiete, die grundsätzlich wissenschaftlicher Erforschung zugänglich sind, aber denen bei weitem nicht die Beachtung geschenkt wird, die sie verdienen. Die zunehmende Bedeutung der fachgerechten »Konstruktion« von Partnerschaften ist unter anderem dadurch gekennzeichnet, daß neben umfangreicher Spezialliteratur auch schon Software für die Ausarbeitung von Partnerschaften entwickelt wurde.[52]

Paul und Sarah Edwards schreiben: »Partnering scheint das neue Schlagwort der 90er Jahre zu sein, aber in einer neuen Wirtschaft, die durch Virtual Corporations gekennzeichnet ist, ist es tatsächlich eine überlebenswichtige Fähigkeit«, denn geschäftliche Partnerschaften haben eine noch höhere »Scheidungsrate« als Ehen.[53]

Beim Aufbau einer belastbaren, praktikablen Kooperationsgemeinschaft wie der Virtual Corporation kann es auch notwendig werden, sich für einen rechtlichen Rahmen entscheiden zu müssen, in dem das geplante Projekt durchgeführt werden soll. Ob dies notwendig ist, hängt nicht zuletzt davon ab, ob die Virtual Corporation selbst irgendwelche rechtlichen Verpflichtungen eingehen muß oder nicht.

Obwohl es der »reinen Lehre« der Virtual Corporation widerspricht, werden in der Praxis Auftraggeber und Lieferanten auf konkreten Verträgen bestehen. Bei der Vertragsabfassung sind Fragen wie Gewinnaufteilung bzw. Entlohnung, Rechteverwertung usw. zu beachten. Es wird unten noch weiter auf diesen Punkt eingegangen.

Wie zu erwarten ist, bestehen über diese Punkte Meinungsverschiedenheiten zwischen den mehr konservativen Theoretikern der Virtual Corporation und den mehr »anarchistisch« eingestellten Mitgliedern von On-line-Foren, die solche Formalismen wie Verträge als Sünde wider den Geist der reinen Lehre der Virtual Corporation ansehen.

Für die Teilnehmer an Forum-Diskussionen ist die Virtual Corporation eigentlich überhaupt keine »Corporation«, sondern mehr ein formloser Zusammenschluß von On-line-Benutzern mit sich ergänzenden Fähigkeiten und gleichen Zielen.

Ihre Vorstellung vom Verhalten einer Virtual Corporation, soweit sie sich bisher konkretisiert hat, entspricht eher dem eines Vogelschwarms, der auf einen Impuls hin auffliegt, sich formiert, wobei keiner den anderen behindert und die Gruppe wie durch Magie ihren Weg zum gemeinsamen Ziel findet.

Die Grundlage ihrer Vision von der Virtual Corporation ist mehr emotional und basiert auf Vertrauen, der Grundlage jeder Partnerschaft, ob sie nun geschäftlich oder persönlich ist. »Wir müssen unsere Sozialverträge neu schreiben und lernen, fast unbegrenzt zu vertrauen.«[54]

Da die meisten On-line-Mitglieder ohnehin schon selbständig tätig sind, erscheint ihnen diese neue Form der Zusammenarbeit nicht so erschreckend wie vielleicht manchen von Kündigung bedrohten Angehörigen des mittleren Managements. Als Selbstangestellte kennen sie das Gefühl, ständig neue Projekte und neue Auftraggeber suchen zu müssen. Es ist ein wesentlicher Grund, warum Selbstangestellte für diese neue Unternehmensform besonders geeignet erscheinen.

Ob Kooperation, Teamwork oder Partnerschaft: Die Grundlage der Virtual Corporation ist die Zusammenarbeit von sich ständig neu kombinierenden selbständigen Problemlösern zur Durchführung eines Projektes.

Neuere Forschungen haben die alte Darwinsche Theorie vom Verdrängungswettbewerb als entwicklungsgeschichtlichem Motor relativiert und betonen, daß Kooperation zwischen den Lebewesen eine wesentlich größere Rolle gespielt hat, als bisher angenommen wurde.[55] Ähnliches läßt sich auch von der wirtschaftlich-sozialen Welt sagen, in der entgegen »sozialdarwinistischen« Behauptungen nicht der Rücksichtsloseste auch der Erfolgreichste ist, sondern derjenige, dem es gelingt, mit und in einer Gruppe seine Ziele zu verfolgen und das Potential dieser Gemeinschaft zu nutzen.

Die alte, bisher dominierende »militärische« Struktur läßt sich sehr viel leichter aufbauen und auch leichter lenken.[56]

Probleme bei der Zusammenarbeit

Die wichtigste Fähigkeit von Mitwirkenden in einer Virtual Corporation ist, sich auf Veränderungen einzustellen und kooperativ zu sein.

Diese Anforderung wird zwar an jeden Mitarbeiter eines modernen Betriebes gestellt, bei den Mitwirkenden in einer Virtual Corporation ist sie jedoch von entscheidender Bedeutung.

Wenn man davon ausgeht, daß die Bildung von Virtual Corporations nicht zuletzt eine Antwort auf das Outsourcing ist, kann man erwarten, daß der temporäre Einsatz externer Mitarbeiter bei größeren oder komplexeren Projekten zunehmen wird.

In der Praxis ist zu beobachten, daß die Zusammenarbeit zwischen Internen und Externen durchaus nicht immer unproblematisch verläuft. So fehlt zum Beispiel den Externen ganz zwangsläufig das Insider-Wissen der Internen, und interne Mitarbeiter sehen in jedem Externen leicht eine Bedrohung ihrer Positionen in den Unternehmen, die durch den herrschenden Umgestaltungsdruck ohnehin nicht ungefährdet sind. Jeder Externe wird in dieser Situation als reale Gefährdung empfunden, aber auch als ein »Memento mori« für das Schicksal des »Outgesourcten«. Festangestellte üben deshalb gegenüber Externen häufig einen verschwörerischen Gruppendruck aus.

Die Engagierung von externen Mitarbeitern kann in eingefahrenen Bahnen verlaufen, die auch in der Bevorzugung von weniger geeigneten Externen zum Ausdruck kommt. Die Gründe für diese Verhaltensweise können vielfältig sein. Einerseits liegt es in der allgemeinen, natürlichen Neigung des Menschen, Risiken zu vermeiden, so daß man bei der Zusammenarbeit mit bekannten Partnern bleibt, selbst wenn man sich nicht hinreichend sicher ist, die optimale Wahl getroffen zu haben. Ein weiterer Grund für dieses Verhalten liegt andererseits darin, daß die Vergabe von Aufträgen an externe Mitarbeiter auch eine Form der Machtausübung ist. Durch die Bevorzugung von bestimmten Externen besteht für das Management eines Unternehmens die Möglichkeit, Einfluß auf Art und Ergebnis der Arbeit des Externen zu nehmen. Auf diese Weise kann erreicht werden, daß die Ergebnisse der Arbeit des externen Mitarbeiters die Ziele der Unternehmensleitung unterstützen.

Um sich in einer Welt der Virtual Corporation profilieren zu können, wird es in Zukunft für den Selbstangestellten und Wanderarbeiter in Cyberspace wichtig sein, daß er sich auf seinem Tätigkeitsgebiet profiliert und persönlich bekannt wird. Es wird nicht ausreichen, so wie es auch bisher nicht ausgereicht hat, daß man seine Fähigkeiten lediglich anbietet.

Es ist deshalb für jeden Selbstangestellten empfehlenswert, sich in Verbänden und Berufsorganisationen zu engagieren, Versammlungen aufzusuchen und in der örtlichen Politik mitzuwirken.

Während theoretisch die Verbindungen in Cyberspace weltweit sind und das auch praktisch durchaus möglich ist, wird in der vorhersehbaren Zukunft die alltägliche Praxis der Virtual Corporation wahrscheinlich meist konventioneller ablaufen.

Es ist anzunehmen, daß auch zukünftig zumindest bei kleineren Projekten überwiegend regionale Anbieter zusammenarbeiten werden, die bereits vorher zusammengearbeitet haben. Die Zusammenarbeit der Mitglieder der Virtual Corporation findet in einem unterschiedlichen Maß in Cyberspace statt, von fast ausschließlich bis gelegentlich. Der Vorteil bei der Zusammenarbeit in Cyberspace ist, daß sehr viel Zeit gespart werden kann. Es entfallen unter anderem zahlreiche Besuche zwischen Kunden, Produzenten, Beratern. Viel

Zeit für Besprechungen kann eingespart werden, wenn diese entweder durch Telefonkonferenzen oder auch über Mailboxen bei Verwendung entsprechender Software erfolgen. Diese speziell für die Kommunikation innerhalb von Gruppen entwickelte Software, auch häufig als »Group-Ware« bezeichnet, sorgt für einen hohen Informationsstand aller Beteiligten über das gemeinsame Projekt.

Dank der Möglichkeiten der elektronischen Datenverarbeitung und -übertragung können sehr viele damit verbundene Tätigkeiten auch räumlich weit entfernt ausgeführt werden. Durch Datenübertragung via Satellit können solche Arbeiten praktisch an jedem Punkt der Erde gemacht werden.

So wird bei amerikanischen Großunternehmen, wie zum Beispiel Versicherungen, die Datenerfassung häufig in der Karibik zu Niedriglöhnen durchgeführt. Indien ist mit seinem Talentreservoir an Programmierern zu einem Zentrum für Programmierarbeiten aus aller Welt geworden, zumal dort entsprechendes Know-how wesentlich günstiger zu haben ist als in den Industrieländern.

Bei einem weiteren Anwachsen des Arbeitsmarktes via Cyberspace wird diese Tendenz zur Internationalisierung noch zunehmen. Durch die neuen Übertragungsmöglichkeiten bestehen für den Auftraggeber nur sehr geringe Unterschiede zu einer Vergabe im Inland.

Die Folge dieser Entwicklung wird eine zunehmende Homogenisierung und Internationalisierung von hochqualifizierten Dienstleistungsmärkten sein. »Seit zwei oder drei Jahren ist es nichts Ungewöhnliches mehr, eine Publikation in – sagen wir – Kalifornien vorzubereiten, in Taiwan zu drucken und in Europa zu verkaufen«, schreiben Davidow/Malone und beschreiben damit nur den zaghaften Anfang einer rasanten Entwicklung.[57]

Virtual Corporation und Marketing

Die Virtual Corporation basiert auf einem völlig neuen Verhältnis zwischen Kunden und Produzenten. Das Virtuelle Produkt ist die typische Ware der Virtual Corporation, doch wie wird das Marketing in dieser Welt aussehen? Wie kann man überhaupt in einer Virtual

Corporation Marketing machen, in einer Organisation mit so kurzer Lebensdauer, die sich definitionsgemäß gewöhnlich nach der Beendigung eines Projektes auflöst?

Herkömmliches Marketing ist ein Hilfsmittel der industriellen Produktion, um den Bedarf bei einer Zielgruppe zu wecken und so die kostengünstig hergestellten Massenprodukte abzusetzen. Bei der Virtuellen Unternehmung ist dies wegen ihrer vom Kundenwunsch ausgehenden Produktion sehr viel weniger nötig.

Die Vermarktung von Virtuellen Produkten verläuft anders als bei Industrieprodukten, weil sie nicht das Ergebnis von Marktforschung und Marktsegmentierung sind, sondern das Ergebnis eines individuellen Problemlösungsprozesses. »Statt ihre Kunden zu befragen und aus diesen Erkenntnissen eine Strategie zu formen, entschieden sich (früher) die Unternehmen dafür, ihren Kundenstamm so zurechtzukneten, daß er ihren Bedürfnissen entgegenkam«, schreiben Davidow/Malone über das Marketing im Zeitalter der industriellen Massenproduktion.[58] Es kommt bei der Virtual Corporation nicht so sehr darauf an, fertige Produkte zu verkaufen, sondern das Problemlösungspotential des Unternehmens. Die Bedürfnisse des einzelnen Konsumenten zu kennen, ihn darauf ansprechen zu können und ggf. seine individuellen Bedürfnisse zu beeinflussen, das ist Marketing einer Virtual Corporation. Der Markenname wird das Kennzeichen für Beratungsqualität, er verkörpert mehr die Dienstleistung als das materielle Produkt. Marketing wird deshalb sehr viel stärker versuchen, ein spezielles Vertrauensverhältnis zwischen Kunden und Produzenten aufzubauen. Individuelle Information und Betreuung wird wichtiger als Massenwerbung werden. Nach Davidow/Malone geht die Bedeutung von Markenprodukten allgemein zurück.

»Werbefachleute schätzen, daß die Überzeugungskraft der Werbung auf die Kunden in den letzten zehn Jahren um fast 30 % gefallen ist.[59]

Gleichzeitig mit dem Wandel der Marketingaufgabe entsteht ein neues, großes Feld für On-line-Dienstleister. Data-Base-Marketing heißt diese Technik, sie beruht auf der Auswertung von Datenbanken, in denen detaillierte Informationen über Bedürfnisse des einzelnen Kunden gespeichert sind. Über Telefon, Telefax und Computer-Mailboxen werden die Kunden speziell informiert. Der Verkäufer kann nicht nur die (Virtuellen) Produkte verkaufen, sondern auch durch lückenlose Kundenbetreuung die alles bedeutende Kundenzufriedenheit aufrechterhalten.

Die ManTech-Studien

1994 wurde über CompuServe ein Thesenpapier mit dem Titel »Toward a Focused Program in Support of the Virtual Enterprise« verbreitet.[60] Darin werden Untersuchungen dargestellt, die vom US-Verteidigungsministerium (Department of Defense, DoD) in Auftrag gegeben und vom Air Force-Manufacturing Technology Directorate (abgekürzt: AF ManTech) durchgeführt wurden.

Dort wurden die erfolgsbestimmenden Faktoren bei der Durchführung komplexer Prozesse zur Herstellung hochwertiger technischer Komponenten erforscht. Diese Studien untersuchten Unternehmensintegrationen verschiedener Art, wozu auch die Virtuelle Unternehmung (Virtual Enterprise) zählt. Diese Unternehmensform wird dadurch charakterisiert, daß sie aus verschiedenen Einheiten besteht, »die, häufig geographisch verstreut, sich gemeinsamer Verfahren bedienen, um gemeinsame Ziele zu verfolgen«. Zur Erhöhung der Effizienz wurden neue Organisationsmodelle entwickelt, wie zum Beispiel die Virtual Enterprise, die sich aus verschiedenen Partnern, Lieferanten und Kunden zusammensetzt und für ein bestimmtes Projekt bildet. Die US-Arbeitsgemeinschaft der Rüstungslieferanten (Suppliers Working Group, SWG) hat in einer Studie herausgefunden, daß eine Zusammenarbeit, die über die gemeinsame Datennutzung hinausgeht, wegen der erzielten besseren Qualität, erhöhten Flexibilität, schnelleren Reaktionszeiten und Marktzugangszeiten (»time-to-market«) normalerweise zu erhöhter Profitabilität führt.

Die SWG sieht in den gegenwärtigen Managementmethoden den wesentlichen Grund für die häufig nur mangelhafte Effizienz heutiger Unternehmen. Sie schreibt, daß »die Prozesse, die (heute) notwendig sind, um ein Unternehmen zu führen, aus den technischen Beschränkungen von Anfang des Jahrhunderts stammen«, und kommt damit zum gleichen Ergebnis wie Davidow/Malone. Wie sie betonten, gilt das besonders für »diese exzessiv hierarchischen Managementstrukturen«.

Das wichtigste Ergebnis dieser Studie ist, daß bei der Produktion hochwertiger technischer Produkte der wesentliche erfolgsbestimmende Faktor weder niedrige Arbeitskosten noch die Verfügbarkeit von billigem Kapital ist, noch die Vorteile von staatlich subventionierter Forschung, sondern die niedrigen Kosten der Integration der beteiligten Unternehmen. Es ist daher für die Wettbewerbsfähigkeit einer Volkswirtschaft von größter Bedeutung, daß sie Organisationsformen für ihre Unternehmen entwickelt, welche die Vorteile der Zusammenarbeit von kleineren, selbständigen Unternehmen nutzen, ohne gleichzeitig hohe Kosten der Integration zu verursachen. Diese hohen Integrationskosten werden als kritischer Wettbewerbsnachteil der US-Unternehmen im Vergleich zu europäischen und japanischen Unternehmen angesehen, die zwar nicht so flexibel sind wie US-amerikanische Unternehmen, wegen ihrer vertikalen, starren Organisation aber geringere Organisationskosten haben.

Die SWG-Studie kommt deshalb zu dem Schluß, daß jede neue Organisationsform, welche die Kosten bei der Zusammenarbeit kleinerer Unternehmen reduziert, eine wesentliche Erhöhung ihrer Wettbewerbsfähigkeit bedeuten würde.

(Der Sozialismus osteuropäischer Prägung ist nicht am Mangel an technischem Fortschritt gescheitert, sondern an der Unfähigkeit, den Einsatz der vorhandenen Mittel gut zu koordinieren.)

Daß die zentrale Bedeutung neuer Organisationsformen auch im Topmanagement deutscher Weltfirmen anerkannt wird, zeigt ein Zitat von Wolfgang Reitzle, Vorstandsmitglied der BMW AG: »Der wichtigste Inhalt von Führung ist nicht mehr die Vorgabe von Aufgaben und die Kontrolle, also die klassische Machtausübung, sondern die Organisation selbststeuernder Prozesse.« Und: »Das Management komplexer Systeme ist meiner Meinung nach die Herausforderung.«

Die SWG-Studie zeigt weiter, daß die Entwicklung von Organisationstechnologien, welche als Infrastruktur der Virtual Enterprise dienen, wie zum Beispiel Computernetzwerke, Netzwerke-Software usw. und Organisationsmodelle, zu 73 % von Unternehmen in US-Besitz und mit Sitz in den USA stammt (1990). Die USA sind nach dieser Studie weltweit der aktivste Entwickler von »verfahrensrelevantem« geistigem Eigentum (»process-related intellectual property«). Die SWG sieht in der Vermarktung von Lizenzen an diesen Verfahren einen neuen, großen Markt. Während Unternehmen meist wissen, wieviel sie in Hardware investieren, und auch meist eine, wenn auch ungenauere, Vorstellung von den Software-Aufwendungen haben, gibt es keine Angaben über die Aufwendungen für die Entwicklung der Unternehmensorganisation. Von der SWG werden Investitionen in den Unternehmensablauf als »Enterprise characterization« bezeichnet.

Nach den Schätzungen der SWG werden für »Enterprise characterization« jährlich weltweit mehr als 160 Mrd. US-$ ausgegeben, davon sind zwischen 70 und 90 % vermarktungsfähig. Diese Verfahren haben außerdem ein erstaunlich langes wirtschaftliches Leben mit einer Halbwertzeit von ca. 7,5 Jahren. Diese Zahlen besagen, daß in dem Markt »organisatorische Verfahren« ein Potential von mehreren hundert Milliarden US-Dollar steckt.

Die große Bedeutung dieser Studie liegt in zwei Ergebnissen: Der wirtschaftliche Erfolg eines komplexen Projekts hängt ganz wesentlich von der Organisation der Zusammenarbeit der jeweiligen Unternehmen ab, sie ist mit anderen Worten ein Ergebnis modernen Managements. Die internationale Wettbewerbsfähigkeit ist also nicht so sehr eine Frage niedriger Löhne oder Zinsen, sondern ist hauptsächlich von fähigem und innovativem Management abhängig.

Investitionen in innovative Unternehmensorganisation erhöhen demnach nicht nur die wirtschaftliche Leistungsfähigkeit der Unternehmen, sondern schaffen auch ein äußerst hochwertiges und marktfähiges Produkt.

Die internationale Wettbewerbsfähigkeit der derzeitigen großen Wirtschaftsnationen wird stark davon abhängen, ob sie imstande sind, moderne Unternehmensorganisationen hervorzubringen. Weder billige Produktionsfaktoren (Kapital, Arbeit) noch technische Innovationen werden dies bewerkstelligen. »Technologische Überlegenheit ist nicht die Wunderwaffe des Wettbewerbs – wer das glaubt, lebt gefährlich.« (Davidow/Malone)

Der Versuch, über niedrige Löhne konkurrenzfähig zu sein, ist zum Scheitern verurteilt. Wenn letztlich international die gleichen technischen Verfahren angewendet werden, lassen sich die Kostenunterschiede durch eine Angleichung der Lohnkosten kaum auffangen.

Auch die häufig verbreitete Vorstellung, daß durch Entwicklung von High-Tech-Produkten auf die Dauer die wirtschaftliche Führung zu behalten sei, ist nicht zutreffend. Wissenschaftlich-technische Hochleistung ist zwar notwendig, aber nicht ausreichend, und sie ist kein Monopol der Industriestaaten. Sie wird in Zukunft auch verstärkt in Schwellenländern stattfinden, und zwar auch zu konkurrenzlosen Preisen. Wie das Beispiel der EDV-Hardware-Produktion zeigt, werden diese Produkte heute zu konkurrenzlos niedrigen Preisen in Ländern produziert, welche vor nicht langer Zeit noch zu den Entwicklungsländern ohne technische Infrastruktur zählten. Ähnliches zeichnet sich bei der Software und bei technischer Entwicklungsarbeit ab. Davidow/Malone sprechen von einer »Vermassung von High-Tech-Produkten« und schreiben: »Wer auf Vorsprung durch Innovation setzt, wird enttäuscht, weil Technologie selbst zur Handelsware geworden ist, die entwicklungstechnische und politische Grenzen immer leichter überschreitet.«[61]

Was die heutigen Wirtschaftsnationen allein konkurrenzfähig erhalten kann, ist ihre Fähigkeit, individuelle Lösungen für Konsumentenwünsche auf höchstem Produktionsniveau anzubieten, und diese Fähigkeit ist der grundlegende Gedanke der Virtual Corporation.

Das Management von Virtual Corporations

Der Bedarf an Unternehmensmanagement, das heißt dem Planen, Koordinieren, Lenken und Überwachen von Aktivitäten der Unternehmensteile, besteht auch in einer Virtual Corporation, aber in anderer Form und mit anderen Schwerpunkten als bei der bisherigen Massenproduktion. Jede technische Produktionsweise erfordert eine Organisationsform, die zu ihr paßt. Die Formen des Managements, welche heute in den Unternehmen überwiegend praktiziert werden, stammen meist aus der Zeit der industriellen Massenproduktion. Es ist daher offensichtlich, daß solche Managementmethoden auf eine Virtual Corporation nicht ohne weiteres anwendbar sind.

Wie gezeigt wurde, beruht das wirtschaftliche Erfolgsprinzip der Massenfertigung darauf, daß man sich bei der Produktion auf wenige Standardmodelle konzentriert, die benötigten Arbeitsabläufe in Einzelschritte zerlegt und so weit vereinfacht, daß sie von Fließbandarbeitern beliebig oft wiederholt werden können. Jede Abweichung von diesem optimierten Ablauf bedeutet eine Kostensteigerung und damit einen Wettsbewerbsnachteil.

Management, so wie wir es kennen und wie es in den meisten Unternehmen noch praktiziert wird, ist das Management der industriellen Massenproduktion. Das Management dieser Epoche war militärisch aufgebaut, von oben nach unten gegliedert; die Aufgabe war es, die von »oben« kommenden Vorgaben nach unten weiterzugeben und die Ergebnisse nach »oben« zurückzumelden. Die meisten der heute gängigen Organisationsformen sind »im Grunde nur aufgemöbelte Management-Techniken des letzten Jahrhunderts«, wie sich Davidow/Malone ausdrücken.

Die hohe Anzahl von Managementebenen war in der Vor-EDV-Epoche notwendig, denn es gab damals weder die technischen Möglichkeiten der Nachrichtenübermittlung noch die Möglichkeiten der Informationsverarbeitung, die notwendig sind, um die typischen Aufgaben des mittleren Managements übernehmen zu können.

Die damalige Vorstellung von Management, also von der *Führung* eines Unternehmens, ging von der zu dieser Zeit gültigen Annahme aus, daß eine ständige Koordination und Überwachung der Fließbandarbeiter nötig war. Arbeit, besonders in der industriellen Produktion, war eine prinzipiell unerfreuliche Tätigkeit, die Bezahlung war eine Entschädigung für die so verbrachte Zeit. Bei dieser Sichtweise mußte man natürlich unterstellen, daß der Arbeiter für seinen Lohn nur sowenig wie möglich arbeiten wollte, er war auch nach der Theorie als wirtschaftlich handelnder Mensch dazu verpflichtet. Eine Überwachung erschien deshalb unbedingt nötig, wenn man aus dem Arbeiter die maximale Arbeitsleistung herausholen wollte, um so den Gewinn des Unternehmens zu maximieren.

Richtschnur für diese Überwachung war die aus dem militärischen

Bereich übernommene Annahme, daß ein Vorgesetzter jeweils bis zu fünf Untergeordnete effektiv führen könne. Die Managementebenen waren daneben auch dazu nötig, die auf verschiedenen Ebenen gesammelten Informationen zu verarbeiten und die gewonnenen Resultate in der Hierarchie nach oben zu leiten. Das mittlere Management war aus heutiger Sichtweise Informationskanal und -filter für die Unternehmensführungsspitze. »Ein Großteil eines jeden Organisationsstabes ist nicht damit beschäftigt, etwas zu produzieren, sondern zu koordinieren. Sie sind de facto Informationskanäle, eine Art menschlichen Datennetzes«, schreibt dazu Michael Tracy, Professor am MIT.[62]

Das Kommando ging von oben nach unten, gleichzeitig wurde der Vollzug auf den unteren Ebenen überwacht und nach oben gemeldet. Davidow/Malone schreiben: »Das hierarchische und autoritäre Managementsystem mag für die Massenfertigung der ersten Hälfte unseres Jahrhunderts genau das richtige gewesen sein ... Managementebenen bedeuten Genehmigungsebenen, und Genehmigungsebenen brauchen Zeit ... Zeit ist die wertvollste Ressource des virtuellen Unternehmens, bei der es sich Verschwendung am wenigsten leisten kann.«[63]

Es wird die »Anarchisten« unter den Befürwortern der Virtual Corporation schmerzen, aber auch diese neue Unternehmensform braucht Management und damit ein entsprechendes Arsenal an Managementinstrumenten, neuen Methoden der Finanzierung, der Projektanalyse, der Auswahl von Projektteilnehmern sowie für die Bewertung ihrer Leistungen. Man wird einige bestehende Managementinstrumente verwenden können, andere wird man modifizieren müssen, weitere werden neu entwickelt werden müssen. Die Diskussion im »Working-From-Home«-Forum zeigt, wieviel experimentiert und diskutiert wird.[64]

Die Aufgabe des Managements einer Virtual Corporation ist hauptsächlich, das zu lösende Problem genau zu definieren und die Rollen der Mitglieder in diesem Problemlösungsprozeß herauszuarbeiten. »Die wichtigste Aufgabe für die Unternehmensführer der 90er Jahre besteht darin, den neuen, besser ausgebildeten Mitarbeiter so zu motivieren, daß er unternehmerischer und selbständiger denkt und sich darauf einstellt, ein Leben lang zu lernen.«[65] Es bleibt zu ergänzen, daß der Mitarbeiter der Zukunft häufig ein mitwirkender Selbstangestellter in einer Virtual Corporation sein wird, auf den das Gesagte vielleicht noch mehr zutrifft.

Die »Kunst« der Konzeption von Virtual Corporations besteht darin, in einer Art Baukastenprinzip die geeigneten Elemente zusammenzuführen. Es ist offensichtlich, daß die Beherrschung der Komplexität von größeren Virtual Corporations ein erhebliches Problem darstellen kann. Es müssen praktikable, heuristische Verfahren entwickelt werden, die eine effiziente Koordination solcher Systeme ermöglichen. Dies ist vor allem auch deshalb wichtig, weil die Virtual Corporations als Zusammenschluß von Kleinunternehmen und Selbstangestellten eine besondere Rolle spielen.[66]

Die Aufgabe des Managements in einem Virtuellen Unternehmen besteht neben der Koordination von Einzelaktivitäten ganz wesentlich darin, die Einhaltung von Spielregeln zu überwachen und die Kommunikation zwischen den Beteiligten zu erleichtern, also eine Virtual Corporation »nicht durch Technik, sondern eher durch organisatorische Neuerungen und kooperative Geschäftsbeziehungen aufzubauen«, wie Davidow/Malone schreiben.[67] Das Management muß total revolutioniert werden, um den Anforderungen dieser neuen Unternehmensformen zu genügen. Herkömmliche Kostensenkungsmaßnahmen und die Straffung der Unternehmensorganisation reichen nicht mehr aus.

Die Einführung der neuen Informationstechnologie ist daher auch besonders für das mittlere Management bitter, seine Funktion wird zunehmend überflüssig und hat sich daher als eine wesentliche Kostensenkungsquelle erwiesen. Die Parole ist »lean management« und die Konsequenz daraus häufig die Kündigung.

»In den Großunternehmen wird der Bürokratie der Kampf angesagt. Das bedeutet vor allem Einsparungen beim Stabspersonal, Entlassungen von Verwaltungsangestellten und Delegation von Verantwortung zurück in die Linie«, meint der Zukunftsforscher Armin Ziegler, und: »Entscheidungsprozesse werden beschleunigt. Das geschieht hauptsächlich durch den Abbau des mittleren Managements.«[68]

»Flache« Unternehmensorganisationen mit wenigen Hierarchieebenen, wie sie typisch für alle Varianten der Virtual Corporation sind, brauchen zwar auch ein Management als Koordinationsinstanz, sie benötigen aber nicht so viele Entscheidungs- und Überwachungsebenen wie herkömmlich organisierte Unternehmen. Mitglieder einer Virtual Corporation sind in ihren Entscheidungen autonom, nur ihre Ziele werden durch gemeinsame Absprache festgelegt; eine Kontrolle erfolgt gleichfalls meist unmittelbar durch die Gruppenmitglieder.

Die klassische Aufgabe des mittleren Managements, nämlich die Reduktion von Information und ihre Weiterleitung von »oben« nach »unten«, entfällt, weil es in der Virtual Corporation kein »Oben« und »Unten« gibt. Auch hier zeigt sich, daß die klassischen Orientierungsgrößen »intern«, »extern«, »oben« und »unten« in der modernen Welt immer weiter an Bedeutung verlieren, ebenso wie die überholten politischen Begriffe »links« und »rechts«.

Das mittlere Management wird deshalb in der Zukunft entweder bei den »Core competencies« eingesetzt, das bedeutet in erster Linie direkten Kundenkontakt, oder aber »outgesourct«, was aber bedeutet, keine traditionellen Führungsaufgaben mehr zu haben. Es bedeutet auch: keine traditionellen Statussymbole, keine Sekretärin; Briefe werden selbst geschrieben, Telefonate selbst geführt, ebenso der Terminkalender.

Für das mittlere Management wird diese Umstellung groß sein, und viele werden sich mit ihrer neuen Rolle schwertun, zumal sie nicht der alten Rolle als Führer entspricht. Zukünftig wird der berufliche Erfolg daran gemessen, wie erfolgreich die Problemlösung bei den Kunden war.

Diese hier beschriebenen Tendenzen führen dazu, daß die Angehörigen des mittleren Managements einen großen Teil der neuen Selbständigen ausmachen werden, teils freiwillig, häufig jedoch auch durch die neuen Umstände gezwungen. Sie können sich in vielen Fällen nach ihrer Entlassung oder Frühpensionierung nur schwer damit abfinden, daß ihre Fähigkeiten und Erfahrungen ungenutzt bleiben sollen. Weil für freigesetzte Manager der mittleren Ebene die Chancen auf Wiederbeschäftigung alles andere als gut sind, wird für sie besonders das Motto der Selbstangestellten gelten: »Wenn mich sonst keiner einstellt, stelle ich mich selbst an.« Der neue selbstangestellte Exmanager wird sich auf eine neue Rolle in der Welt der Virtual Corporation einrichten und seine Fähigkeiten als selbständiger Berater anbieten oder sich anderweitig selbständig machen, meist im Dienstleistungsbereich. Für viele wird es aber nicht zuletzt auch die letzte, große Gelegenheit sein, etwas völlig Neues anzufangen.

Obwohl durch diese Entwicklung zunächst ein Überangebot an Beratung entstehen wird und auch die angebotenen Beratungsleistungen oft nicht dem Bedarf entsprechen werden, hat der Beratungsmarkt in der Welt der Virtual Corporation eine große Zukunft. Die sich ständig ändernde Zusammensetzung der Virtual Corporation bringt es mit sich, daß sich kein institutionalisierter, auf Erfahrung beruhender Sachverstand in diesen Gruppen bilden wird und daher ein vielseitiger Bedarf an externer Beratung entstehen wird.

Während es bei den traditionell geführten Unternehmen aus verschiedenen Gründen häufig eine Abneigung gegenüber externen Beratern gibt, werden sie zu jedem Team einer Virtual Corporation gehören, wo sie zwar die Rolle, aber nicht die Aufgaben der Stabsabteilungen der traditionellen Unternehmen übernehmen. Zu den neuen Aufgaben der Berater und Spezialisten, welche speziell durch die Virtual Corporation entstanden sind, werden alle Bereiche der Gruppensoziologie, Gruppenpsychologie und Konfliktlösung gehören.

Virtual Corporation: Entstehung und Organisation

Die Arbeitsweise der Virtual Corporation ist durch ihre speziellen Aufgaben gekennzeichnet. Es besteht nicht die Absicht, in diesem Buch eine Darstellung von Projektplanung und Projektdurchführung zu bringen, Literatur zu diesem Thema gibt es in Fülle. Besonders PC-Programme zur Projektplanung haben es auch kleineren Anwendern ermöglicht, sogar sehr komplexe Projekte zu planen und durchzuführen. Mit der zunehmenden Verbreitung des Konzepts der Virtual Corporation werden Kenntnisse auf diesem Gebiet stark an Bedeutung gewinnen, Spezialisten für Projektplanung, oder besser: Projektmanagement, werden gefragt sein.

Abb. 1: Entstehungsphase der VC

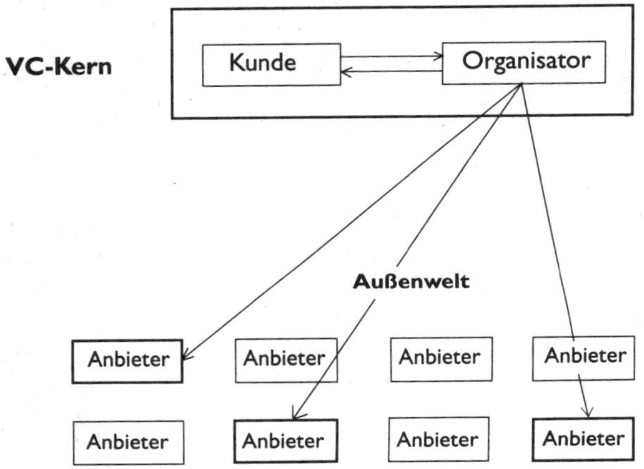

Der wesentliche Unterschied zwischen der Arbeitsweise eines typischen herkömmlichen Unternehmens und einer Virtual Corporation besteht darin, daß ersteres einen festen Mitarbeiterstamm und ein mehrstufiges Management hat, das die Mitarbeiter einsetzt und die Ergebnisse ihrer Arbeit überwacht. Kunden sind dort ein Teil der betrieblichen Außenwelt, und es gibt eine deutliche Trennung zwischen dem Unternehmen und dieser Außenwelt.

Dagegen ist die Virtual Corporation eine zeitweiliger Zusammenschluß von unabhängigen Mitwirkenden, der nur eine minimale hierarchische Strukturierung aufweist. Die Kunden spielen als ein Teil dieser Organisation eine zentrale Rolle.

Der Lebenslauf einer Virtual Corporation kann in zwei Abschnitte aufgeteilt werden:

1. Entstehungsphase
2. Operationsphase

Die unterschiedlichen Strukturen in den beiden Phasen zeigt das Diagramm Abb. 1. Man sieht, daß es in der Entstehungsphase einen

Abb. 2: Operationsphase der VC

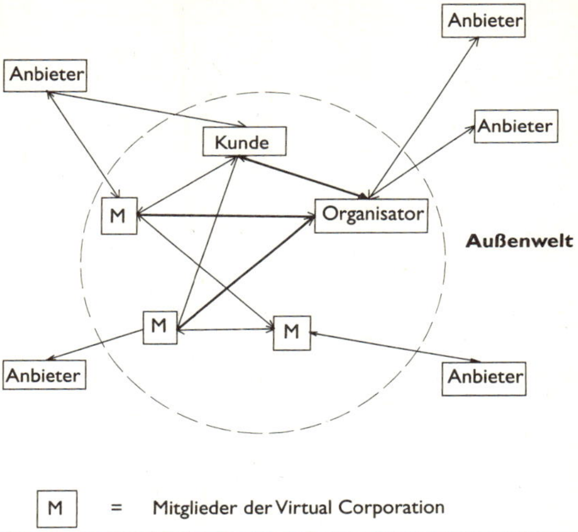

Virtual-Corporation-Kern gibt, der aus dem Kunden als Problemeigner und dem Organisator der Virtual Corporation besteht.

In dieser ersten Phase (Entstehungsphase) wird das Problem beschrieben, ein erster Lösungsplan aufgestellt und eine erste Abschätzung des Ressourcenbedarfs vorgenommen. Diese Phase hat noch wesentliche Eigenschaften der herkömmlichen Organisationsstruktur, ähnlich wie sich in der Frühphase des Lebens von höheren Lebewesen noch Spuren alter stammesgeschichtlicher Entwicklung erkennen lassen.

Der erste Schritt in die Richtung auf eine Virtual Corporation ist, zu erkunden, wer für eine Zusammenarbeit in Frage kommt, also wer die fehlenden Kenntnisse oder Ressourcen hat. Der Organisator wählt dann in Absprache mit dem Auftraggeber aus den externen Anbietern diejenigen aus, die Mitwirkende in der Virtual Corporation werden sollen. Die Zusammenarbeit kann dann entweder direkt zwi-

Abb. 3: Projektablauf einer Virtual Corporation

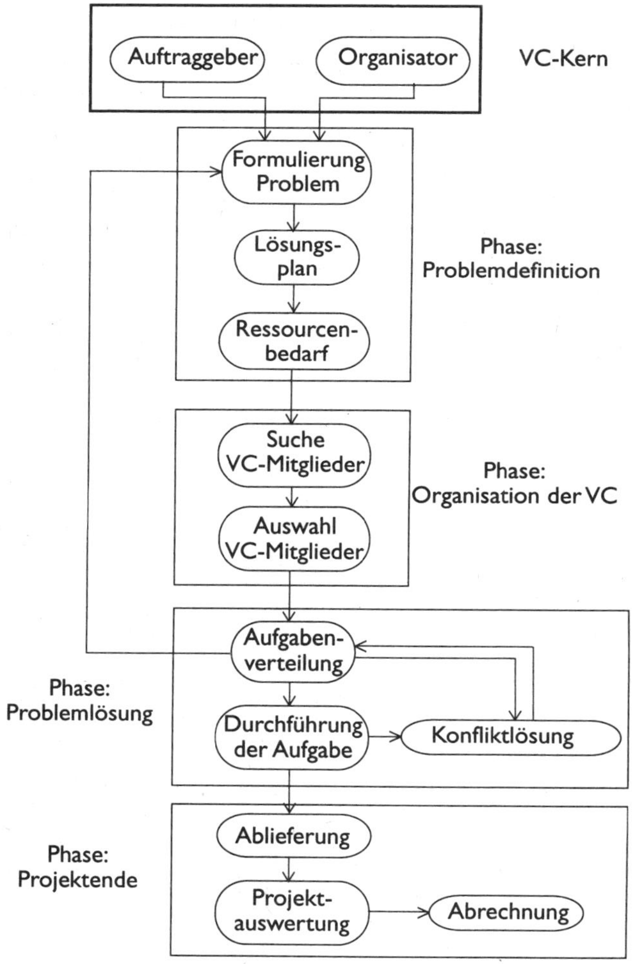

schen den Partien erfolgen oder über schon existierende Unternehmen, welche für die Projekte die geeigneten Partnerschaften aufbauen.

In Zukunft werden deshalb solche Unternehmen, die sich auf die Konstruktion von Virtual Corporations spezialisieren, wesentlich an Bedeutung gewinnen, es wird auch das Betätigungsfeld der bisherigen Großunternehmen sein, die sich immer stärker auf diese Rolle konzentrieren werden.

Nachdem sich die benötigten Kompoenten der Virtual Corporation zusammengefunden haben, verflacht deren Struktur, wie im Diagramm Abb. 2 »Operationsphase« zu erkennen ist. Alle sind jetzt gleichberechtigte Mitglieder der Virtual Corporation geworden, wenn auch der Organisator in diesem System »etwas gleicher« ist. Er ist die zentrale Rückkoppelungsstelle, mit ihm stehen alle anderen Mitglieder in Kontakt. Die übrigen Mitglieder stehen teilweise auch direkt miteinander in Verbindung und nicht nur über den Organisator. Das gilt auch für den Kunden, der als Teil der Virtual Corporation dargestellt ist. Externe Anbieter, also zum Beispiel Lieferanten, stehen ihrerseits mit allen Mitgliedern der Virtual Corporation in Verbindung. Die Grenze der Virtual Corporation, hier gestrichelt dargestellt, ist sehr durchlässig und wird sich unter Umständen während des Projektablaufs mehrfach verschieben.

Im Diagramm Abb. 3, das den Projektablauf einer Virtual Corporation darstellt, sieht man, daß sich dieser in vier Phasen unterteilen läßt:

1. Problemdefinition

   Formulierung
   Löungsplan
   Ressourcenbedarf

2. Organisation der Virtual Corporation

   Suche nach Virtual-Corporation-Mitgliedern
   Auswahl der Virtual-Corporation-Mitglieder

3. Problemlösung

   Aufgabenverteilung
   Durchführung der Aufgabe
   Konfliktlösung

4. Projektende

   Ablieferung
   Projektauswertung
   Abrechnung
   (Verabschiedung)

Eine Virtual Corporation entsteht dadurch, daß jemand mit einem Problem sich an jemanden wendet, den er für die Lösung seines Problems für kompetent hält. Dieser Problemlöser wird eine Virtual Corporation organisieren, wenn seine Kompetenz oder sonstige Mittel nicht dazu ausreichen, das Problem allein zu lösen, was bei größeren Problemstellungen der Normalfall sein wird.

Mit diesem »Problembesitzer«, der dem Organisator einen Auftrag zur Lösung seines Problems erteilt hat, wird das Problem ausformuliert, es wird beschrieben. Dieser Schritt ist sehr wichtig, da der Auftraggeber häufig nur ein diffuses Gefühl hat und erst eine genaue Diagnose erstellt werden muß – nicht nur im Beratungswesen eine alltägliche Erscheinung.

Nachdem das Problem analysiert wurde, kann ein erster Lösungsplan erstellt werden, aus dem sich wiederum der Bedarf an Ressourcen ableiten läßt. Unter Ressourcen versteht man alle Faktoren, die bei dem Problemlösungsprozeß eingesetzt werden sollen, also Arbeitskraft, Information, Geräte, Material und Finanzmittel.

In der nächsten Phase wird die Virtual Corporation ins Leben gerufen. Zuerst werden geeignete Mitglieder gesucht werden müssen, dann müssen aus dem Kreis der Interessenten diejenigen ausgewählt werden, die aufgrund fachlicher und persönlicher Eignung zur Mitarbeit an diesem Projekt am besten geeignet sind. Über geeignete Kanäle, zum Beispiel direkte Kontakte, Agenturen, Zeitungsanzeigen oder

Anzeigen in elektronischen Mailboxen, werden Interessenten an der Mitarbeit in der geplanten Virtual Corporation zusammengesucht.

Als nächster Schritt wird mit den Mitgliedern das Projekt besprochen, und es werden die Rollen in der neuen Virtual Corporation verteilt. Außerdem wird ein Projektplan aufgestellt, in dem der zeitliche Ablauf und die Inanspruchnahme der zur Verfügung stehenden Ressourcen geplant werden.

Während dieser Phase wird auch erkundet, ob die Gruppe den gestellten Anforderungen gerecht werden wird. Die Aufgabe der Virtual Corporation in dieser Phase ist, eine Rollenverteilung zwischen den Beteiligten vor der eigentlichen Tätigkeit festzulegen. Dieser Vorgang wird auch »precompetitive collaboration« genannt.[69]

Es sollen dadurch die Fragen beantwortet werden: Warum sind wir hier? Werde ich in diese Gruppe passen? Wer soll was machen, wann, wo und warum?

In dieser Orientierungsphase müssen ausführliche Diskussionen durchgeführt werden, bevor die eigentliche und endgültige Auswahl der Mitglieder der Virtual Corporation stattfindet. Die Projektmitglieder sollten sich dabei möglichst persönlich treffen und kennenlernen, bevor dann das Projekt in eine fortgeschrittene Phase eintritt. Falls dies nicht möglich ist, sollte man sich genügend Zeit lassen, alle Fragen ausreichend zu diskutieren und zu klären.

Die Entlohnung für die Mitwirkung kann prinzipiell auf zwei Weisen erfolgen: leistungsbezogen oder erfolgsbezogen.

Bei der ersten Variante werden von der Projektleitung Aufträge vergeben und auf einer Auftragsbasis entlohnt, entweder pauschal für den erteilten Auftrag oder nach erbrachter Arbeitsmenge: Stunden, geschriebene Seiten oder ähnliches. Die zweite Variante macht die Teilnehmer zu Teilhabern der Virtual Corporation. Diese Variante setzt voraus, daß die Beteiligten schnell und mit geringen Kosten eine Firma, möglichst eine Kapitalgesellschaft, gründen können. Es ist daher durchaus denkbar, daß in dieser Hinsicht Offshore-Gesellschaften oder andere, leicht zu gründende Gesellschaften, wie zum Beispiel die Delaware-Corporation, den Vorzug erhalten. Es werden Standard-Gesellschafterverträge für Virtual Corporations entwickelt werden, die der Forderung nach schneller Abwicklung entgegenkommen. Wie aber auch immer verfahren wird, strenggenommen wird durch eine formale Firmengründung einiges von der ursprünglichen Virtualität eingebüßt, doch ohne eine formale Konstruktion wird ein größeres Projekt normalerweise nicht durchführbar sein.

In Phase 3 wird mit der eigentlichen Problemlösung begonnen. Zunächst werden die Aufgaben auf die einzelnen Mitgliedern aufgeteilt, und dabei schlägt jeder der Beteiligten vor, wer von ihnen welche Aufgabe übernehmen kann.

In dieser Phase kann es zu den ersten Konflikten zwischen den Beteiligten kommen, die auch zu diesem Zeitpunkt ausgeräumt werden müssen, wenn nicht das ganze Projekt gefährdet werden soll. Wie schon dargestellt, kommt deshalb der Bereitschaft zur Zusammenarbeit und der Fähigkeit zur Konfliktlösung eine zentrale Bedeutung zu.

Nachdem die einvernehmliche Aufteilung der Aufgaben stattgefunden hat, können die Beteiligten sich daranmachen, ihre Aufgaben zu erfüllen. Kennzeichnend für die Virtual Corporation sind dabei die ständige Einbeziehung des Kunden als Auftraggeber sowie die ständige Information aller Beteiligten. Diese sollen nicht nur zum Beispiel über Mailboxen und Group-Ware unterrichtet werden, sondern auch direkten Zugang zu allen relevanten Unterlagen haben. Wer beispielsweise eine Bedienungsanleitung schreibt, soll auch die Möglichkeit haben, jederzeit direkt on line die Konstruktionsunterlagen einzusehen. Die Virtual Corporation ist auf Effienz und Offenheit ausgerichtet und nicht auf den Schutz von Zuständigkeiten und Informationen.

Auch hier kann es wieder zu Konflikten und Schwierigkeiten bei der Zusammenarbeit kommen, die über Konfliktlösungsverfahren ausgeräumt werden müssen. Es ist möglich, daß sich bei der Durchführung der Aufgaben zeigt, daß die Aufgabenverteilung nicht den tatsächlichen Anforderungen des Problems gerecht wird. In diesem Fall kann entweder eine Umverteilung der Aufgaben erfolgen, oder aber die Phasen »Problemdefinition« und »Organisation der Virtual Corporation« müssen neu durchlaufen werden, damit zum Beispiel durch Vergrößerung der Anzahl der Mitglieder eine praktikable Aufgabenverteilung erfolgen kann.

Diese hier beschriebenen Stadien müssen unter Umständen mehrfach durchlaufen werden, zum Beispiel wenn neue Mitglieder in die Virtual Corporation aufgenommen werden oder durch Umdefinition des Projektes eine neue Situation entstanden ist.

Die letzte Phase ist das Projektende. Das Produkt als Ergebnis der Arbeit der Virtual Corporation wird an den Auftraggeber abgeliefert. Die Tätigkeit der Virtual Corporation wird ausgewertet, und es werden Konsequenzen für eventuelle zukünftige Projekte gezogen. Last not least erfolgt die Abrechnung und Verteilung des Überschusses.

Da das Ende eines gemeinsamen Projektes auch für die Beteiligten einen gewissen Trennungsschmerz bedeutet, erleichtert eine förmliche Verabschiedung aller am Projekt Beteiligten diesen Vorgang.

Die spezielle, »reine« Form der Virtual Corporation, die sich entweder ausschließlich oder ganz überwiegend aus Selbstangestellten zusammensetzt, ist momentan erst in der Entwicklungsphase. Meist handelt es sich bei den derzeitigen Virtual Corporations um Mischformen, in denen sich Unternehmen von unterschiedlicher Größe und Selbständige für ein Projekt zusammenschließen.

Es wird derzeit viel über dieses Konzept nachgedacht, besonders natürlich in den einschlägigen Diskussionsforen im Internet, und es zeichnet sich als eine der wesentlichen Organisationsformen zukünftiger Arbeit ab. Tatsächlich realisiert werden momentan zwar hauptsächlich kleinere Projekte, aber auch im Bereich der Großunternehmen wird dieses Konzept heterogener, also nicht aus einem Unternehmen stammender, projektbezogener Arbeitsgruppen immer mehr angewendet.

Die in Dallas, Texas, ansässige Firma INTERSOLVE GROUP, die u. a. für Großunternehmen wie IBM Just-in-time-Konzepte entwikkelt hat, ist ein Beispiel für die Art von Virtual Corporations, die sich aus Spezialisten zusammensetzt, ein Projekt durchführt und dann wieder auseinandergeht.[70]

Die Entwicklung bei der Virtual Corporation von kleineren Unternehmen oder auch Selbstangestellten geht dahin, daß Organisationen solche Virtual Corporations ins Leben rufen oder auch »schlafende«

Virtual Corporations bei Bedarf wieder zum Leben erwecken. Wesentlicher Vorteil dieser Virtual Corporations bildenden Organisation ist unter anderem, daß der Entstehungsvorgang beschleunigt wird, noch wichtiger ist aber, daß dem außenstehenden Auftraggeber ein Unternehmen mit einheitlichen Prinzipien gegenübersteht. Für die Mitglieder der Virtual Corporation ist diese Organisation zum einen Agentur, zum anderen Abrechnungsstelle.

Nach Darstellung von D. L. Boone, dem Gründer und Betreiber von KnowledgeNet, einem pensionierten Berufsoffizier des US-Army und früheren Mitarbeiter einer internationalen Beratungsfirma, handelt es sich bei KnowlegdeNet um eine Organisation von über 100 Mitgliedsfirmen und unabhängigen Beratern in 16 Ländern. Sie sind alle auf dem Dienstleistungsgebiet tätig, ihre Angebote reichen von Systemanalyse, Buchführung, Verkauf und Marketing bis zu Projektmanagement und Software-Entwicklung.

Boone betont die Bedeutung, sich auf ein gemeinsames Vorgehen zu einigen, alle Mitglieder des Projektes müssen »nach den gleichen Noten spielen«.[71]

Für die Auswahl von Mitwirkenden einer Virtual Corporation und den Aufbau einer Virtual Corporation sollte eine Reihe von Punkten berücksichtigt werden:

- Zweck der Virtual Corporation
- Rolle der einzelnen Mitglieder, Aufgabenbeschreibung
- Koordinations- und Konfliktlösungsmechanismen
- Vergütung
- Anteile bei der Verwertung entstehender Rechte
- Finanzierung
- Vorzeitiger Austritt eines Mitglieds
- Folgen bei Nichterfüllung
- Wer übernimmt die laufende Koordination?

KnowledgeNet geht dabei nach festgelegten Grundsätzen im Umgang mit den angeschlossenen Mitgliedern vor:

1. Gebrauch von einheitlichen Verträgen zwischen der Organisation und den Mitgliedern.
2. Es wird erwartet, daß sie sich als Mitglieder von KnowledgeNet zu erkennen geben und das Logo der Organisation verwenden. Der

Gedanke ist, dadurch eine ähnliche Wirkung zu erreichen wie IBM, Lotus, Novell und viele andere mit ihrem externen Netz von Spezialisten.

3. Die Kommunikation zwischen den Mitgliedern wird gefördert, naturgemäß über Internet und andere On-line-Dienste.
4. Es soll ein einheitliches Vorgehen der Mitglieder bei der Projektabwicklung entwickelt und angewendet werden.

Obwohl KnowledgeNet zu diesem Zeitpunkt noch in der Aufbauphase ist und es auch nicht abzusehen ist, ob und in welchem Umfang es tatsächlich tätig wird, ist es doch ein Beispiel dafür, wie sich das Konzept der Virtual-Corporation-Bildung einmal verwirklichen wird.

Neue Organisationsformen

Arbeit und Arbeitslosigkeit

Ein Leben ohne Arbeit ist für uns Menschen in einer arbeitsbesessenen Kultur kaum vorstellbar und in der Regel auch kaum wünschenswert. Arbeit ist ein wesentlicher Teil unseres Lebens, sie gibt dem Leben einen Sinn, weil sie lebensnotwendig ist. Arbeit ist alles, was wir Menschen tun, damit wir unser eigenes Leben, das unserer Familie und unserer Gesellschaft sichern. Die Arbeit der Tiere ist es, zu fressen, sich vor ihren Feinden zu verteidigen, ganz allgemein, ihr Überleben und das ihrer Nachkommen zu sichern.

Zu Beginn 1994 wurden ungefähr 30 % der Welt-Arbeitsbevölkerung nicht vollbeschäftigt, lt. *The European* vom 2. Dezember 1994 betrug die Arbeitslosigkeit in der Europäischen Union im Durchschnitt 17 %. In Deutschland waren zur gleichen Zeit mindestens zwischen 9 und 10 % der Erwerbspersonen ohne feste Arbeit.

Es heißt zwar, daß man nicht lebt, um zu arbeiten, sondern arbeitet, um zu leben. Arbeit ist in einer konsumorientierten Gesellschaft wie der unseren aber der Faktor, welcher unserem Leben einen Sinn gibt, weil sie über die reine Erhaltung unserer Existenz hinaus auch wesentlich unsere Stellung in der Gesellschaft bestimmt. Arbeit zu haben bedeutet nicht nur, eine Anstellung, sondern auch eine Stellung in der Gesellschaft zu haben.

Arbeitslosigkeit ist für den Betroffenen nicht nur die Ursache von materieller Armut, sondern auch ein Abgleiten in die Bedeutungslosigkeit. Jugendarbeitslosigkeit bedeutet, nie eine anerkannte Position in der Gesellschaft erlangt zu haben. Arbeitslosigkeit ist das größte soziale Problem unserer Gesellschaft, selbst wenn die wirtschaftlichen Folgen abgefangen werden könnten. Arbeitslosigkeit bedeutet implizit, lebensuntüchtig zu sein, nicht für sich sorgen zu können, nicht dazuzugehören. Arbeitslosigkeit ist die Grundlage für Alkoholismus, Drogenkonsum, Gewalttätigkeiten, zerfallene Familien und politischen Extremismus.

Es muß deshalb das wesentliche Ziel aller politischen Tätigkeit sein, die Grundlagen dafür zu schaffen, daß jeder in der Lage ist, durch sinnvolle Tätigkeit für sich selbst und für die von ihm Abhängigen zu sorgen und sich an der Durchführung gemeinschaftlicher Aufgaben beteiligen zu können.

Vollbeschäftigung als politisches Ziel kann nicht nur ein Ziel neben anderen sein, es muß das Ziel schlechthin sein. Gesicherte Vollbeschäftigung im Rahmen der gesamtgesellschaftlichen Ziele ist das zentrale Ziel, es steht in keiner Weise auf einer Stufe mit anderen Zielen, wie unter anderem außenwirtschaftliches Gleichgewicht oder Preisstabilität. Diese Ziele haben nur eine Berechtigung, wenn sie dem Hauptziel der Beseitigung von Arbeitslosigkeit dienen.

Auch wenn man kein Marxist ist, kommt man nicht umhin zuzugeben, daß die technischen Möglichkeiten die Art und Weise des wirtschaftlichen Handelns bestimmen und letztlich das politische und soziale Umfeld schaffen, das zu einer optimalen Gestaltung notwendig ist. Gesellschaften, welche zu lange den inzwischen veralteten Strukturen anhängen, riskieren, entweder in das zweite Glied der internationalen Bedeutung zurückzufallen, oder sie müssen die versäumten Anpassungen später oft unter erheblichen Schmerzen verstärkt nachholen.

Geschichtliche Darstellung

Die vorindustrielle Zeit

Die Vorstellung von der Arbeitswelt der Vergangenheit ist überwiegend romantisch verklärt. Man geht davon aus, daß damals jeder seinen festen Platz in einer kleinen, überschaubaren Welt hatte, daß jeder normalerweise zwar ein eher bescheidenes, aber doch gesichertes Auskommen hatte, daß die Familie noch intakt war, daß Arbeit und Großfamilie zusammengehörten. Die Wünsche, auch die der Kinder, waren bescheiden, man lebte meist auf dem Lande und vom Lande, als Bauer oder als Magd bzw. Knecht, als Handwerksmeister, Geselle, Lehrling oder Gehilfe in einem kleinen Städtchen, alle unter einem Dach, ohne Streß.

Doch die Verhältnisse, sie sind nicht so, oder besser: sie waren nicht so. Unser Bild von den wirtschaftlichen und gesellschaftlichen Zuständen in der Vergangenheit ist nicht nur romantisch, es stammt aus der Romantik, es ist die Darstellungsweise des Biedermeiers. Der Wirtschaftswissenschaftler Prof. Miegel schreibt: »Historisch gesehen war hohe Arbeitslosigkeit bzw. Unterbeschäftigung der Normalfall.« Um 1800 waren etwa ein bis zwei Drittel der Erwerbsbevölkerung, die sog. Unterschicht, ohne regelmäßige bzw. gesicherte Einkommensquellen.

Prof. Miegel beziffert für das 18. Jahrhundert den Anteil der Bevölkerung ohne halbwegs gesicherten Lebensunterhalt auf etwa 75 %.[72] Tagelöhner dürften etwa die Hälfte ihrer Arbeitszeit ohne Einkommen gewesen sein, und bis zu einem Fünftel der erwerbsfähigen Bevölkerung zog als Bettler und Vagabunden und mitunter auch als Diebe und Räuber durch das Land. Ähnliches war auch noch bei den Wanderarbeitern in den USA bis in die erste Hälfte dieses Jahrhunderts zu beobachten, welche ein Zwitterleben zwischen Wanderarbeiter und Landstreicher führten oder führen mußten.

Die gesellschaftliche und wirtschaftliche Welt des Mittelalters und der Neuzeit bis hin zur Industrialisierung war eine geschlossene Gesellschaft. Eine Minderheit hatte einen festen und sicheren Platz, ein Aufstieg oder Ausstieg war kaum möglich, Armut und Hoffnungslosigkeit waren die Bestimmung von großen Bevölkerungsteilen. Tagelöhner, Bettler, Lumpenproletariat, Kriminelle – der Übergang war fließend –, ein erheblicher Teil der Bevölkerung war ständig stark unterbeschäftigt oder völlig ohne jede gesicherte Einkommensquelle.

Krankheit und Alter bedeuteten häufig das endgültige Aus. Wer dazu in der Lage war, schlug sich irgendwie durch, als Tagelöhner oder Söldner, endete nicht selten bei Räuberbanden, welche weite Landstriche unsicher machten, oder als Bettler, Dieb oder Dirne in der organisierten Unterwelt der Städte. Die Endstation war häufig auf dem Schafott des Henkers. Schon kleine Vergehen waren Kapitalverbrechen, Kriege und brutale Ausrottung durch die Strafjustiz waren etablierte Methoden, um die Entwicklung dieser Bevölkerungsschicht zu kontrollieren.

Da diese großen Teile der Bevölkerung völlig ungebildet und unausgebildet waren, hatten sie große Bedeutung für die damals Mächtigen. Ausbildung war der allgemeinen Bevölkerung nicht zugänglich, sie war überhaupt kein Ziel. Schulbildung, besonders höhere Schulbildung und akademische Ausbildung, war nur für einen kleinen Teil der Bevölkerung von Bedeutung. Berufliche Ausbildung war fast nur über handwerkliche Ausbildung zu erlangen, doch auch diese war nur begrenzt verfügbar, die Zünfte verbreiteten ihr Wissen nur sehr sparsam. Diese Ungebildeten waren tatsächlich eine Reservearmee, welche billigste Arbeitskräfte bereitstellte, und es ist wohl kaum übertrieben, wenn man Tiere wie Pferd oder Ochse als ihre größten Konkurrenten bezeichnet.

Das Industriezeitalter

Es gab auch in der Vergangenheit immer Perioden, in denen Arbeitskräfte knapp waren, so zum Beispiel nach Pestepidemien, großen Kriegen, wie etwa dem Dreißigjährigen Krieg, oder auch in Ländern nach der Eroberung von Kolonien. So war es besonders für kleine Länder wie Portugal oder später die Niederlande schwierig, einerseits eine genügende Versorgung mit Kolonialisten sicherzustellen, ohne gleichzeitig das Mutterland zu entvölkern.

Eine wesentliche Änderung trat mit der Einführung der Manufaktur und der Wirtschaftsphilosophie des Merkantilismus ein. Der Wohlstand eines Landes wurde nach dieser Philosophie letztlich durch seine Exportüberschüsse bestimmt, und es war daher wichtig, daß sich alle arbeitsfähigen Menschen an der Produktion von handelsfähigen Waren beteiligten. Müßiggang war jetzt ein Laster, das von Staats wegen bekämpft werden mußte; jedem, der sich nicht an der Produktion beteiligte, drohte das Arbeitshaus. Die Armen bekamen die Möglichkeit zu arbeiten, sie wurden auch gleichzeitig dazu gezwungen. Der Begriff aus dieser Zeit von den »labouring poor«, also die Gleichsetzung von »arm« mit »arbeitend«, ist dafür kennzeichnend. Die Arbeitslosenquote lag im 19. Jahrhundert geschätzt zwischen 10 und 15 %, dazu kam die große Zahl der chronisch unterbeschäftigten Gelegenheitsarbeiter.

Die Einführung der industriellen Produktion mit dem verstärkten Einsatz von Maschinen, die mit Wasserkraft oder Dampfmaschinen angetrieben wurden, beschleunigte diese Entwicklung. Erst durch die Einführung der Massenfertigung, basierend auf der Arbeitsablaufsanalyse von Taylor, welche die erste bedeutende Anwendung durch Henry Ford in seiner Automobilproduktion fand, änderte sich die Situation. Die bei der industriellen Produktion anfallenden Arbeiten wurden in einfache Handgriffe zerlegt, der einzelne Arbeiter wurde ein Teil des gesamten Produktionsvorgangs, den er insgesamt gar nicht zu kennen und schon gar nicht zu verstehen brauchte. Eine komplizierte Ausbildung war in dieser Arbeitswelt für den normalen Arbeiter nicht nötig.

Durch die Größe der Produktionsvorgänge, die Notwendigkeit, die kleinen Arbeitskomponenten zu koordinieren und zu steuern, wurde eine neue Kaste von Mitarbeitern gebraucht, welche damals die noch bestehende Lücke zwischen Produktionsmöglichkeiten und Informationsverarbeitungsmöglichkeiten schloß. Damit stieg gleichzeitig die Bedeutung von Technikern, Ingenieuren und Managern an, und damit auch der Bedarf an Arbeitskräften mit besserer Schul- und Berufsausbildung.

Die Gegenwart

Die gegenwärtige Situation in unserer modernen Wirtschafts- und Sozialwelt ist durch einen fundamentalen Widerspruch gekennzeichnet. Die technischen Möglichkeiten, wie sie oben beschrieben wurden, haben schnelle Produktionszyklen ermöglicht, die ihrerseits auf Flexibilität, Entscheidungsfähigkeit und Lernfähigkeit der daran Beteiligten aufbauen. Unsere Arbeits- und Sozialwelt ist dagegen in ihren wesentlichen Komponenten ein Produkt der Industrialisierung in der zweiten Hälfte des neunzehnten Jahrhunderts, zum Teil sind die grundlegenden Strukturen noch archaischer. Die vorhandenen Technologien erfordern eine neue Organisation unserer sozialen Welt, sie machen aber auch diese Neuorganisation erst möglich. Lebensweisen, die schon früher von Teilen der Bevölkerung angestrebt wurden, waren damals entweder reine Utopien oder nur durch totales »Aussteigen« möglich; sie werden heute durch neue, vorhandene Technologien für viele wieder zu einer realistischen Lebensalternative.

In gewisser Weise ist das feste Anstellungsverhältnis ein Überbleibsel aus feudalistischen Zeiten. Im Mittelalter begab man sich in ein Dienst- und Abhängigkeitsverhältnis zu einem Herrn, gelobte diesem Treue und erhielt dafür von seinem Herrn Schutz. Neben der eigentlichen Dienstleistung war es eben das besondere Treueverhältnis, welches die Sicherheit der daran beteiligten Parteien gewährleistete.

Der Bedarf an festangestellten Mitarbeitern wurde in erster Linie von der industriellen Massenproduktion gefordert, denn nicht Flexibilität war die wichtigste Forderung in der Produktion, sondern Kontinuität. Das Funktionieren der Massenproduktion basiert wesentlich auf dem Umstand, daß alle »Rädchen« stets verfügbar sind. Dies wurde mit zunehmender Spezialisierung der Arbeitskräfte immer wichtiger, weil die Arbeiter im Produktionsprozeß nicht mehr so leicht austauschbar waren wie bisher. Die Marxsche Vorstellung von einer »industriellen Reservearmee« stimmte nicht mehr mit den tatsächlichen Bedürfnissen überein.

Ebenso ist auch die noch dominierende Personalstruktur mit den verschiedenen Managementebenen sowie den zahlreichen Stabsfunktionen ein Relikt aus dieser Zeit. Das Management war und ist »militärisch« organisiert: die Arbeiter als Soldaten, die Vorarbeiter und Meister als Unteroffiziere, die Unternehmensleitung als Offiziere. Als optimale Anzahl der »Untergebenen« pro Vorgesetzten galten ungefähr sieben Personen, die Anzahl der als notwendig angesehenen Managementebenen leitete sich daraus ab. Wenn man von einem »militärischen Marketing« sprechen kann, so gilt das noch wesentlich stärker für die Unternehmensorganisation.

Selbstangestellt: Die Selbständigkeit von morgen

Die neue Selbständigkeit und Unabhängigkeit, die sich überall entwickelt, wird teils skeptisch, teils auch enthusiastich begrüßt, wie der nachfolgende Ausspruch zeigt: »Ein neuer amerikanischer Traum wird geboren. Und während wir gerade die Wehen durchleiden, werden unsere Träume wahr.«[73]

Selbständig – wer ist schon selbständig? Es gibt mehrere formale Kriterien, mit denen man versucht, die berufliche Selbständigkeit festzustellen.

Historisch gesehen, beispielsweise aus der Sicht eines Adeligen des Mittelalters, dürften wir uns alle kaum als »frei« bezeichnen: Eine Abgabenquote von 50 % und mehr würde uns aus dieser Sicht mehr in die Nähe von unfreien Leibeigenen rücken.

Gesetzliche Bestimmungen und vertragliche Bindungen machen die Figur des »freien« Unternehmers weitgehend zu einem Mythos: der »freie« Unternehmer in der »freien Wirtschaft«. Ist der formal selbständige Tankstellenpächter »selbständig«? Oder der Ladeninhaber, der an Lieferanten gebunden ist und dessen Entscheidungsfreiheit durch eine Unzahl von Gesetzen, Verordnungen und Auflagen eingeschränkt ist? Ist der Zulieferer von VW »selbständiger« als ein unkündbarer und sozial voll abgesicherter Beamter? Davidow/Malone schreiben dazu: »Groß- und Einzelhändler sind fast Mitarbeiter der Herstellerunternehmen geworden. Andererseits übernimmt der Hersteller auch vielfach Aufgaben, die früher im Einzelhandel erledigt wurden, beispielsweise Auffüllen der Regale, Werbung für sein Produkt usw. Die Lieferanten sind on line über die jeweiligen Verkäufe informiert und reagieren zeitnah. Die Unternehmen werden für Kunden, Lieferanten und Abnehmer immer transparenter, natürlich auch für die Mitarbeiter generell.«[74]

Selbständigkeit hat etwas mit Freiheit zu tun. Beruflich selbständig ist, wer seine Entscheidungen frei fällen kann, aber – wer kann das schon? Selbständigkeit und Unabhängigkeit beinhalten auch immer Unsicherheit. Die soziale Absicherung, die geschaffen wurde, um die Folgen der industriellen Revolution abzufangen, hat uns alle domestiziert, die meisten mehr, einige weniger.

Die Verwischung des Unterschiedes zwischen »intern« und »extern« relativiert auch die Unterscheidung zwischen selbständigen Unternehmern, Angestellten bzw. Teilbetrieben eines Unternehmens. Der negativ besetzte Begriff der »Scheinselbständigkeit» verliert an Aussagekraft, der abhängige Kleinunternehmer ist schon jetzt der Normalfall. Unabhängigkeit ist in einer komplexen, auf Zusammenarbeit beruhenden Wirtschaft bestenfalls ein romantischer Begriff, der überwiegend in mehr vergangenheitsorientierten Systemen wie Steuerrecht oder Sozialrecht (leider) immer noch verwendet wird.

Die neuen Selbständigen, wer sind sie? Es sind alle die gemeint, welche Tätigkeiten als Selbständige anbieten, die sie bisher traditionell als abhängig Beschäftigte ausübten.

Es sind neue Tätigkeitsbilder, meist unter Verwendung von EDV, die ihren Weg erst gar nicht in die Welt der Großunternehmen gefunden haben, oder es sind Tätigkeiten, die durch Outsourcing aus den Unternehmen in den Bereich der Selbständigen verlagert wurden.

Was ist so neu an diesem neuen Selbständigen?

Typisch für den neuen Selbständigen ist, daß er als einzelner Selbständiger Arbeiten übernimmt und für andere Unternehmen ausführt, welche diese früher traditionell selbst erledigt hatten oder erledigt hätten, soweit es sich um neue Tätigkeiten handelt. Der neue Selbständige arbeitet meist von seiner Wohnung aus, hat dort einen Raum, vielleicht sogar im Keller, oder auch nur einen Schreibtisch, aber er hat Telefon, Fax und Computer, mit dem er über die Telefonleitung mit der Außenwelt verbunden ist. Er kann praktisch ohne feste Geschäftsräume auskommen, er benutzt soweit wie möglich die Einrichtungen seiner Auftraggeber. Das wesentliche Kennzeichen ist, daß er moderne Technologie verwendet, wo immer es möglich ist. Er ist im Einsatz von Personalcomputern erfahren, er kommuniziert nach Möglichkeit on line mit seinen Kollegen und Auftraggebern.

Größere Projekte, die seine Kapazitäten überschreiten, realisiert er durch Bildung von Virtual Corporations.

Ob ein Selbständiger zu diesem neuen Typus zu zählen ist, hängt nicht davon ab, was er macht, sondern auf welche Weise.

Die neuen Selbständigen sind die virtuellen Unternehmer, die in Virtual Corporations als Kleinunternehmer, Selbstangestellte, Einzelkämpfer auf allen Gebieten des Dienstleistungs- und Produktionsbereichs tätig werden. Es sind die Betreiber kleiner Schreibbüros, kleiner Werbeagenturen, die Einmann-Desktop-Publishing-Agenturen. Es sind die vielen Berater für alle möglichen Bereiche des geschäftlichen Lebens und des privaten Bereichs, die privaten Lehrer, die alle überwiegend von ihrem Wohnsitz aus tätig sind.

Es handelt sich bei diesen Unternehmern nicht um die klassischen Unternehmer mit einer mehr oder weniger großen Anzahl von Angestellten, eigenen Büros und Geschäftsräumen, eigenen Fabrikationsstätten. Die neuen Unternehmer, das sind selbständige Programmierer, es sind selbständig arbeitende Servicebetriebe, Reparaturdienste usw.

In Zukunft aber werden auch immer mehr der klassischen freiberuflich Selbständigen wie Ärzte, Apotheker, Rechtsanwälte, Steuerberater, Architekten diese neuen Arbeitsformen anwenden. Teilweise, um die eigene Produktivität zu erhöhen, um größere und kompliziertere Projekte durchführen zu können, oder deswegen, weil immer häufiger Klienten Teile von Virtual Corporations sind.

So können auch Ärzte Virtual Corporations bilden, so zum Beispiel, wenn Fachärzte bei der Behandlung eines Kranken ein temporäres Team bilden. Da auch in diesem Fall ihre Leistung ganz eindeutig in der Lösung eines Problems ihres Kunden liegt und durch die Einführung von virtuellen Operationstechniken und On-line-Konsultationen die Beteiligten auch räumlich voneinander entfernt an dem gleichen Projekt arbeiten können, kann man selbst diese Berufsgruppe zu den potentiellen Mitgliedern einer Virtual Corporation rechnen.

Es ist für die Zukunft durchaus wahrscheinlich, daß besonders Spezialisten nicht mehr an einem bestimmten Krankenhaus arbeiten, sondern ihre Arbeit weltweit in der Virtuellen Realität ausüben. Für viele ist das zwar noch Zukunftsmusik, aber die Ansätze dafür sind schon vorhanden, erste Experimente in dieser Hinsicht wurden schon durchgeführt, so u. a. Präzisionsoperationen mit Hilfe von Robotern, deren Steuerung es nicht erfordert, daß der Operateur sich im Operationssaal befindet, er muß noch nicht einmal in der gleichen Stadt sein. Die virtuelle Klinik erweist sich also als eine besondere Form der Virtual Corporation, die Realisierung dieses zukunftsweisenden Konzeptes wird sich zu einem wesentlichen Beitrag zur Kostensenkung und Qualitätssteigerung im medizinischen Bereich entwickeln.

Es bleibt der Phantasie des einzelnen überlassen, sich weitere Tätigkeiten für Virtual Corporations auszudenken.

Nicht alle Dienstleister sind in gleicher Weise potentielle Mitglieder in Virtual Corporations, so muß zum Beispiel die Phantasie bei Frisören und Gaststätten in dieser Hinsicht über Gebühr strapaziert werden.

Die Handwerker sind ein spezieller Fall, sie sind in mancher Hinsicht die Stammväter (und -mütter) dieser neuen Form der Selbständigkeit. Zum einen basiert ihre Produktionsweise traditionell auf »Customizing«, sie sind nur vorübergehend von der industriellen Massenproduktion zurückgedrängt worden. Zum anderen praktizieren sie durch ihre spezielle Form der Zusammenarbeit bei größeren Projekten schon immer eine frühe Art der Virtual Corporation, wenn auch ohne die moderne, elektronische Datenverarbeitung. »Rückwärts blickend in die Zukunft«, dieses Motto der Virtual Corporation gilt deshalb ganz besonders für das Handwerk. Organisationsformen und Erfahrungen aus diesem Bereich werden bei der Neuentwicklung des Konzeptes der Virtual Corporation eine große Rolle spielen können.

Es ist interessant, daß die modernsten, auf EDV basierenden Arbeiten, wie zum Beispiel Computer-Aided Design, Multi-Media-Anwendungen usw., es dem arbeitenden Menschen wieder möglich machen, die Einengungen durch die Anforderungen der industriellen Massenproduktion abzulegen und sein Leben wesentlich selbständiger zu gestalten.

Paul und Sarah Edwards nennen zum Beispiel in ihrem »Newsletter 97« selbständige Geschäftstätigkeiten, die vom Wohnsitz aus als Basis geführt werden können. Zum Beispiel:

- Datenkonvertierung
- Datensicherungsdienste
- Installation und Einweisung in Software-Programme auf PCs
- Einweisung in die Bedienung technischer Geräte (beispielsweise für ältere Leute)
- Versandhandel usw.
- Desktop-Publishing
- Verfassen von Handbüchern
- Schreibarbeiten, besonders auch Fachtexte für Anwälte, Ärzte und Psychologen
- Schreiben von Zusammenfassungen
- Korrekturlesen
- Erinnerungsdienste
- Planung von Treffen und Veranstaltungen
- Informationsmakler
- Fakturierungs- und Mahndienst

Diese Liste läßt sich mit etwas Phantasie fast beliebig fortsetzen.[75]

Besondere Bedeutung werden alle beratenden Tätigkeiten haben, der Bedarf an Beratung wird durch die Organisationsform der Virtual Corporation stark zunehmen.

In der entstehenden neuen Arbeitswelt wird es verstärkt Neueinsteiger und neue Selbständige geben, denen das Wissen um eine größere Unternehmensorganisation fehlt. Der Zwang, sich auf die wesentlichen Fähigkeiten zu beschränken, wird bei diesen Selbständigen einen großen Bedarf an Beratung aller Art hervorrufen, Beratung wird nicht nur eine hauptberufliche Tätigkeit sein, sondern vielfach auch ein Zweig der eigenen Geschäftstätigkeit. Mit anderen Worten: Jeder berät jeden in dem Gebiet, in dem er selbst spezielle Kenntnisse und Erfahrung hat. Der Berater als Problemlöser. »Die Beschaffung und Auswertung von Informationen wird ein wesentliches Feld sein, auf dem sich Selbstangestellte betätigen können und werden. Der Beruf bzw. der Gewerbezweig des Researchers und des Information-Brokers wird an Bedeutung stark gewinnen.«[76]

Während am Ende des industriellen Zeitalters für uns die Arbeit in einem festen Angestelltenverhältnis schon fast die einzige vorstellbare Daseinsform zu sein scheint, waren beispielsweise um die Jahrhundertwende in den USA noch etwa 50 % der Erwerbstätigen selbständig. In Europa hatte die Aufgabe kleinerer Existenzen schon früher eingesetzt, doch auch hier ging seit Ende des letzten Jahrhunderts der Trend hin zum festen, aber abhängigen Arbeitsverhältnis. Nach *Makeit* wurde in den USA der Tiefpunkt der Selbständigenquote 1977 mit 7 % erreicht, bis 1992 war der Anteil der Selbständigen wieder auf 13 % gestiegen und nimmt immer noch zu.[77] Ein ähnlich deutlicher Trend ist auch in anderen Industrieländern zu beobachten, so hat sich u. a. in Großbritannien die Anzahl der selbständig Beschäftigten zwischen 1979 und 1990 fast verdoppelt.

Diese neuen Selbständigen, die man treffender auch als »Selbstangestellte« bezeichnen könnte, weil sie meistens ihre einzigen Mitarbeiter sind, sind der am stärksten wachsende Wirtschaftsbereich überhaupt. In Amerika wurden in diesem Bereich mehr Arbeitsplätze geschaffen als in jedem anderen Bereich, die Kleinunternehmen haben mehr Arbeitsplätze geschaffen als die Unternehmen der Top 500 der Fortune-Liste. Weil immer mehr von uns in diesen Bereichen tätig sind und noch mehr von uns freiwillig oder durch Umstände gezwungen in diesem Bereich tätig sein werden, ist natürlich auch die Frage von Interesse, um was für eine Welt es sich dabei handelt.

Wie die folgenden Zahlen des Statistischen Bundesamtes zeigen, war in Deutschland eine ähnliche Entwicklung nicht zu beobachten. Die Ursache dafür kann u. a. sein, daß das deutsche System der sozialen Sicherheit ein Überwechseln von der abhängigen Beschäftigung zur beruflichen Selbständigkeit nicht ermutigt. Gewisse, wenn auch zaghafte Änderungen in dieser Einstellung sind erst in letzter Zeit zu beobachten (siehe Tabelle 1).[78]

Der langfristige Rückgang der Selbständigen in Deutschland wie auch in den anderen Industrieländern ist in erster Linie auf den Beschäftigungsrückgang im landwirtschaftlichen Bereich zurückzuführen. Nähere Aussagen über die Entwicklung der Selbständigkeit im Be-

Tabelle 1: Selbständige und mithelfende Familienangehörige

Jahr	Selbständige	mithelfende Familienangehörige	zusammen
1882	28,0	10,2	38,2
1925	16,5	17,0	33,5
1950	14,5	13,8	28,3
1971	9,9	6,1	16,0
1989	8,9	2,0	10,9
1991	8,1	1,4	9,5
1992	8,4	1,4	9,8
1993	8,7	1,3	10,0

reich des »Home-Based Business«, die als zukunftsträchtiger Trend von besonderem Interesse ist, sind aus diesen Zahlen nicht herauszulesen. Man kann nur erkennen, daß in Deutschland berufliche Selbständigkeit insgesamt eine nachrangige Rolle spielt. Die Selbständigen in der oben dargestellten Statistik setzen sich ganz überwiegend aus den Angehörigen der sogenannten »freien Berufe«, selbständigen Handwerkern, Landwirten, Einzelhändlern und Unternehmern des Gaststättengewerbes zusammen.

Die Entscheidung zur »Selbständigkeit« ist auch häufig ein Fluchtversuch aus den Fesseln der Reglementierung der traditionellen Arbeitswelt. Aber jeder Fluchtversuch gefährdet das System, eine Mauer muß her. »Selbständig« sollte nach Auffassung der etablierten Gewalten im Wirtschaftsleben idealerweise nur sein, wer auch »feste Arbeitsplätze» schafft oder, anders ausgedrückt, wenigstens einige »Unselbständige« für die Erhaltung des Systems liefert.

Der Arbeitslose soll nicht in erster Linie versuchen, durch seine eigene Arbeit wirtschaftlich unabhängig zu sein, das wichtigste Anliegen ist es, ihn im System der beitragszahlenden, abhängig Beschäftigten zu halten. Es werden beachtliche Subventionssummen aufgewendet, um Arbeitsplätze in Industrien zu erhalten, die keine großen Zukunftsaussichten haben und wo Anforderungen von weiteren Hilfen mit dem Hinweis auf die Erhaltung von Arbeitsplätzen Tradition haben.

In den USA ist das »Home-Based Business« (HBB) die am stärksten wachsende Unternehmensform. Nach dem Newsletter *Make It On Your Own* wird erwartet, daß die berufliche Selbständigkeit in den nächsten Jahren durchschnittlich um 15 % wachsen wird, in einigen Bereichen sogar noch stärker, so daß hier die Selbständigen überwiegen werden.[79] In den USA haben sich allein 12 Millionen Frauen selbständig gemacht.

Es gibt viele Gründe für diese Entwicklung, die beiden wichtigsten sind:

1. Motivgruppe: Arbeitslosigkeit, drohende Arbeitslosigkeit oder schlechte berufliche Aussichten

Obwohl amerikanische Untersuchungen zeigen, daß nur etwa 20 % der neuen Selbständigen vorher arbeitslos waren, werden die Arbeitslosen und durch Outsourcing Freigesetzten doch in Zukunft an Bedeutung gewinnen.[80]

Besonders für alle, die im mittleren Management tätig waren und durch Rationalisierungsmaßnahmen ihren vorher so sicher geglaubten Arbeitsplatz verloren haben, ist der Schritt in die Selbstanstellung eine Alternative zum Vorruhestand. Nachdem die Betroffenen am eigenen Leib erfahren haben, daß es so etwas wie »Sicherheit« des Arbeitsplatzes nicht mehr geben wird, sind sie eher bereit, den früher wegen seiner »Unsicherheit« gemiedenen Weg beruflicher Selbständigkeit einzuschlagen.

Besonders diese Gruppe hat schlechte Aussichten, wieder eine »feste« Anstellung in ihrem alten Tätigkeitsfeld zu finden, weil es wegen der durchgreifenden Neuorganisation der Wirtschaft diese Art von Arbeitsplätzen immer weniger geben wird. Der mittlere Manager ist eine vom Aussterben bedrohte Art. Andererseits sind die so Freigesetzten immer weniger bereit, sich vorzeitig auf ihr Altenteil zu begeben, sondern versuchen, ihre Kenntnisse selbst zu vermarkten oder sich eine neue Aufgabe zu schaffen.

Aus ähnlichen Gründen werden auch immer häufiger junge Menschen auf eine abhängige Beschäftigung verzichten. Die Sicherheit des Arbeitsplatzes, früher der Hauptanreiz, hat ihre Glaubwürdigkeit eingebüßt. Immer mehr Menschen haben deshalb das Gefühl, daß ihr berufliches und wirtschaftliches Schicksal in ihren eigenen Händen am besten aufgehoben ist. Der Mythos der sicheren Anstellung ist dahin, auch Hochschulabsolventen sehen, wie in früher scheinbar unerschütterlichen Bollwerken der Jobsicherheit »downsizing« die Zahl der für sie geeigneten Arbeitsplätze dezimiert. Tom Peters spricht in diesem Zusammenhang vom »zerrissenen Sozialvertrag« zwischen den Unternehmen und ihren Mitarbeitern. Dieser Sozialvertrag bestand früher darin, »mit achtzehn oder einundzwanzig einen Job bei GE oder GM zu ergattern, dann dort vierzig Jahre zu hocken (und während der letzten fünfzehn Jahre nicht mehr ins Schwitzen zu kommen), um sich dann mit einer goldenen Uhr und einer angemessenen Pension zur Ruhe zu setzen.« Sein Rat: »Vergiß die Angelegenheit, sie gilt nicht mehr!«[81]

Makeit[82] berichtet von einer Dreijahresuntersuchung des Massachusetts Department of Employment and Training und des US Department of Labor, worin gezeigt wird, daß Selbstanstellung eine beachtliche Alternative für Leute ist, die eine dauernde Arbeitslosigkeit erlitten haben. Das Projekt ermöglichte 300 Arbeitslosen, sich ihre eigenen Jobs durch Selbstanstellung (Selbständigkeit) zu schaffen, während sie weiterhin Arbeitslosenhilfe erhielten, wodurch im Endeffekt Steuergelder eingespart wurden.

Die durchschnittliche Unterstützung für die Selbstangestellten betrug 7502$, verglichen mit 8927$, welche die Arbeitslosen in der Kontrollgruppe erhielten. Die Selbstangestellten erhielten die Arbeitslosenhilfe im Durchschnitt 28,3 Wochen, die Gruppe der Arbeitslosen für 33,7 Wochen. Eines der wichtigsten Ergebnisse dieses Projektes war, daß 75 bis 80% derjenigen, die sich selbständig gemacht hatten, auch nach einem Jahr noch im Geschäft waren.

Diese Studie zeigt, daß es sinnvoll ist, es Arbeitslosen zu ermöglichen, sich selbständig zu machen, während sie weiter Arbeitslosenunterstützung bekommen, und daß dieses Verfahren dem Steuerzahler insgesamt Geld spart und außerdem die Wirtschaft stimuliert.

Die Tatsache, daß aber nur wenige Arbeitslose es in Erwägung ziehen, sich selbst anzustellen (sich selbständig zu machen), zeigt deshalb eigentlich nur, wie wenige sich dieser Möglichkeit bewußt sind und daß sie wahrscheinlich auch nicht hinreichend bei diesen Bestrebungen unterstützt werden. Nach den Erfahrungen einer Chicagoer Outplacementfirma beginnen immerhin fast 20 % der von ihr beratenen Personen eine selbständige Tätigkeit, nachdem sie ihren bisherigen Job verloren haben.

Entgegen weitverbreiteter Meinung ist der Schritt in die Selbständigkeit durchaus nicht von einer hohen Mißerfolgsquote belastet.

In den USA, wo einschlägige Zahlen vorliegen, hören nur 5 % der Selbstangestellten pro Jahr mit ihrer selbständigen Tätigkeit auf, wesentlich weniger, als allgemein angenommen wurde. Dabei handelt es sich in diesen Fällen nicht unbedingt um Mißerfolge, das Aufhören kann auch durchaus andere Ursachen haben, wie zum Beispiel Krankheits- und Altersgründe oder das Überwechseln in eine andere Beschäftigung.[83]

Ebenso ist die Vorstellung falsch, daß das HBB lediglich Arbeitslosigkeit verdecken soll und daß die Einkünfte aus dieser Art von Tätigkeit unter denen aus einer festen Anstellung liegen. Nach der Link Ressources Home Office Survey von 1992 verdienten die Betreiber von HBB im Schnitt $27500 und schnitten damit, verglichen mit den durchschnittlich $23602 der US-Gehaltsempfänger, deutlich besser ab.

Auch wenn diese Zahlen nicht ohne weiteres auf andere Länder übertragen werden können, so zeigen sie doch, daß die Selbständigkeit mit einem HBB ein Weg aus der strukturell bedingten Langzeitarbeitslosigkeit heraus in eine zukunftsträchtigere Beschäftigungsform sein kann und daß die Erfolgsaussichten in diesem Bereich durchaus nicht schlecht sind. Es ist sowohl für die staatliche Arbeitslosenpolitik als auch für unternehmerische Sozialpläne eine bedenkenswerte Alternative zu herkömmlichen Maßnahmen, den Betroffenen den Einstieg in die HBB-Selbständigkeit zu erleichtern, statt Initiativen in diese Richtung zu entmutigen und zu behindern. Besonders für Unternehmen wäre eine Art »Auswildern« ihrer freigesetzten Mitarbeiter sehr viel sinnvoller als die Auszahlung von Abfindungen, welche die Betroffenen in ihrer Lebensplanung meist nicht viel weiterbringen.

Der Zusammenfassung der Studie von Paul und Sarah Edwards in *Makeit* zum Thema Selfemployment kann man sich nur anschließen: »Mit anderen Worten schaffen (in den USA) mehr Leute Jobs für sich selbst, als in neugeschaffenen Arbeitsplätzen eingestellt werden, indem sie als Selbstangestellte in Home-Based Business arbeiten. Und diejenigen, die sich selbst anstellen, verdienen auch Geld!« Und: »Wir müssen die Vorschriften ändern, welche die Arbeitslosen in der hoffnungslosen Suche nach Jobs gefangenhalten (anstatt sich als Selbstangestellte eine Existenz aufzubauen).«

2. Motivgruppe: Der Wunsch nach selbstbestimmter Lebensgestaltung

Von Sarah und Paul Edwards stammt meines Wissens der Begriff vom »Propreneur«, dem Selbständigen neuen Stils, als Gegensatz zum »Entrepreneur«, dem Unternehmer im klassischen Sinn: Der Entrepreneur wird von der Liebe zum Geschäft und Gewinn angetrieben, der Propreneur wird dagegen durch den Wunsch motiviert, ein qualitativ besseres Leben für sich und seine Familie aufzubauen.[84] Armin Ziegler bezeichnet diesen neuen Unternehmertyp als »Selbstverwirklicher«, »der Wert auf Unabhängigkeit legt und versucht, die Arbeit mit seiner restlichen Lebensgestaltung in Einklang zu bringen«.[85]

»In den Verlust an Vertrauen in die großen Unternehmen mischten sich die Sirenengesänge von Freiheit«, schreibt ein amerikanischer Newsletter.[86] Es ist eine Tatsache, daß sieben von zehn Amerikanern gerne ihr eigener Boß wären. Diese Zahl wird wahrscheinlich in Europa nicht ganz so hoch liegen, aber immer noch sehr beträchtlich sein. In den USA wird alle 22 Sekunden ein neues Home-Based

Business begonnen[87], und nach einer Untersuchung von Link Resources Inc. machten sie 1991 einen Umsatz von 40 Milliarden US-$.

Neue EDV-Technologie, die Möglichkeiten der Virtual Corporation und die zahlreichen »outgesourcten« Tätigkeitsbereiche bieten heute einem Einsteiger gute Möglichkeiten, mit wenig Startkapital und geringen festen Kosten eine selbständige Existenz aufzubauen. Um heute ein leistungsfähiges selbständiges Dienstleistungsgewerbe zu gründen, reicht der Kaufpreis eines Mittelklassewagens oder auch die Zahlung aus einem Sozialplan allemal.

Es ist nichts Ungewöhnliches, daß sich besonders diejenigen neuen Ufern zuwenden, die im alten System aus verschiedenen Gründen keine Chance mehr sehen, ihr Lebensziel zu verwirklichen. Auch die Auswanderer nach Amerika waren vielfach die »Mühseligen und Beladenen«, mit anderen Worten die armen Hunde, aber mit Hoffnung und Einsatz und dem Glauben, daß man es selbst schaffen kann, wenn man von anderen keine Chance erhält. Eine andere Gruppe waren die Menschen mit Idealen oder neuen Ideen, die sie in ihren alten Heimatländern nicht verwirklichen konnten. Die Etablierten und Selbstgefälligen blieben zurück, doch waren es gerade diese Auswanderer, die eine neue Gesellschaft aufbauten und es zu Wohlstand brachten. Ihre alten Heimatländer mußten die notwendigen Anpassungen in Reformen erst noch durchmachen, häufig unter größten Qualen. »Dem ersten der Tod, dem zweiten die Not, dem dritten das Brot«, so lautete ihre Devise.

Dieser Vergleich trifft auch auf die neuen Selbständigen und ihre neuen Arbeitsformen zu. Viele, die sich jetzt zu dieser neuen Arbeitsform entschließen, tun das, um sich eine Zukunft selbst zu schaffen, sie wollen nicht arbeitslos sein und darauf warten, bis sich durch staatliche Aktivität ihr Zustand verändert (oder auch nicht).

Es sind die Arbeitslosen, die Frauen, die Behinderten und Menschen mit anderen Vorstellungen von Leben und Arbeit, welche als erste diese neuen Wege beschreiten. Die Gefahr des Scheiterns ist bei allen wirtschaftlichen Unternehmungen immer gegeben, Sicherheit gibt es auch bei einer Anstellung in einem Großunternehmen nicht.

Diese Einsicht bringt manch einen dazu, daß er die Sicherheit seiner wirtschaftlichen Existenz zu seiner eigenen Sache macht, statt sich der

Weisheit und Voraussicht des Managements von Großunternehmen und Politikern anzuvertrauen. Für einen Arbeitslosen ist es immer besser, sich selbst anzustellen und nicht mehr arbeitslos zu sein, als endlos der Fata Morgana einer »sicheren« Festanstellung hinterherzulaufen und seine Kräfte und Initiative nutzlos zu verbrauchen. Auch wenn er nicht voll ausgelastet ist, so ist es wesentlich besser, als völlig ohne bezahlte Arbeit zu sein. Es ist der Weg der Zukunft: Das Interesse am selbstbestimmten Leben rückt in der Werteskala der Menschen im postindustriellen Zeitalter weit nach oben.

Die modernen Selbständigen werden die soziale Rolle des Mittelstands beleben, sie werden wirtschaftlich die Position einnehmen, die jetzt von den Angehörigen des mittleren und gehobenen Managements bis hin zur Ebene der Abteilungsleiter eingenommen wird. Es stellt sich nur in etablierten Industriegesellschaften mit ausgeprägtem System sozialer Sicherungen die Frage, ob es gelingt, diesen Rollenwechsel rechtzeitig zu vollziehen und möglichst undramatisch zu gestalten.

Immerhin scheinen die meisten den Weg in die Selbständigkeit nicht zu bereuen Nach einer Leserumfrage der Zeitschrift *Home Office Computing* aus dem Jahr 1991 gaben 98 % der befragten Selbstangestellten an, daß sie glücklicher sind, von ihrer Wohnung aus arbeiten zu können, und 88 % gaben an, nicht mehr in ein (Groß-) Unternehmen (corporate world) zurückkehren zu wollen.[88]

Die fünf wichtigsten Gründe, die genannt wurden – alles Argumente, die einem zu denken geben.

- Ich fühle mich entspannter.
- Ich ernähre mich gesünder.
- Ich habe mehr Freizeit.
- Ich halte mich besser fit.
- Ich habe ein besseres Ehe- und Familienleben, und ich habe ein besseres Liebesleben.

Auch die etablierten sozialen Gruppen werden diesen Trend verstärkt berücksichtigen. Das Interesse an ökologischen Fragen war zu Anfang auch auf eine kleine Gruppe am Rande der großen politischen Strömungen konzentriert. Die neuen Arbeits- und Lebensformen werden auch der Forderung nach einer umweltverträglichen Lebensweise gerecht, sie gehen aber über den rein ökologischen Aspekt hinaus. Dadurch, daß die Anforderungen an diese neue Arbeits- und Lebensform von der neuen Technologie selbst stammen und nicht technik- und fortschrittsfeindlich sind, werden die ökonomischen Ziele wieder die der Ökologen, nämlich die sparsame Verwendung der eingesetzten Mittel. Diese Sparsamkeit ist der Kerngedanke aller Ökonomie, das Wort an sich bedeutet »haushalten«. Es kann daher keinen Widerspruch zwischen Ökologie und Ökonomie geben, nur Mißverständnisse.

Durch Einsatz von immer leistungsfähigeren PCs ist es heute dem Selbständigen möglich, in Bereiche sowohl der Dienstleistung wie auch von Entwicklung und Produktion vorzudringen, welche noch vor kurzem nur Großunternehmen vorbehalten waren. Heute können Adressendateien mit Tausenden von Datensätzen verwaltet und nach allen möglichen Kriterien in kürzester Zeit ausgewertet werden. Man kann Hunderte von Serienbriefen noch nach Büroschluß ausdrucken oder automatisch per Fax über Nacht Hunderte von Nachrichten an Empfängergruppen schicken, und das, wohlgemerkt, als Einmannbetrieb! Wie David Birch, Präsident von Cognetics Inc., in *Time* sagte: »Heute kann man ein hochentwickeltes Data-Base-Marketing mit einem 1400-$-PC betreiben, was vor fünf Jahren nur IBM hätte machen können.«[89] Das gleiche gilt für andere Tätigkeiten, so unter anderem im Bereich Text- und Bildverarbeitung, Datenbankanwendungen, Desktop Publishing, Multimedia-Anwendungen, also für Datenverarbeitung aller Art.

Gleichzeitig haben neue Prozessoren die Rechnerleistung so erhöht, daß in rechenintensiven Bereichen wie beispielsweise im CAD und CAM Leistungen von Personalcomputern erbracht werden, die noch vor kurzer Zeit nur von Großrechnern erzielt werden konnten. Ein Einmann- bzw. Kleinstunternehmen kann damit von einem Wohnzimmer aus wirkungsvoll an der Realisierung von großen Projekten mitwirken. Was noch vor einigen Jahren Investitionen in Millionenhöhe erforderte, läßt sich heute leicht zum Preis eines Mittelklasseautos realisieren. »Neue Technologien haben die Bedeutung von Firmengröße und Firmenlage verändert und die Position des einzelnen gestärkt«, schreibt dazu Armin Ziegler.

Neben den immer leistungsfähigeren Datenverarbeitungsgeräten, wie PCs, Modems, Speichermedien und Druckern, sind es besonders die modernen, leistungsfähigen Anwenderprogramme, die für den Erfolg und die allgemeine Verbreitung der Datenverarbeitungstechnologie verantwortlich sind.

Der große Sprung in der breiten Anwendung der Datenverarbeitung durch den durchschnittlichen Benutzer kam mit der von Apple entwickelten Konzeption der graphischen Benutzeroberfläche mit einheitlichem Aufbau; ein Konzept, das später überaus erfolgreich von anderen Anbietern übernommen wurde, besonders von Microsoft mit seiner Windows-Oberfläche. Erst die leichte Erlernbarkeit und Anwenderfreundlichkeit der Anwenderprogramme mit ihrem einheitlichen Aufbau und den umfangreichen Hilfefunktionen haben den Erfolg des PCs möglich gemacht. Es wäre kein Fortschritt in diesem Umfang eingetreten, wenn nur der Preis der »Hardware«, also der Geräte, gesunken wäre, die Programme aber immer noch so kompliziert wären wie vor Jahren. Dies gilt ganz besonders, wenn auch noch immer jedes Programm völlig anders aufgebaut wäre. Für den Anwender der meisten Programme ist es wesentlich weniger interessant, ob sein Rechner mit 8 oder 100 MHz getaktet ist, es kommt auf die Zeit an, die er benötigt, um das Programm zu beherrschen und die gewünschten Befehle aufzurufen, die das Programm steuern.

Die neu entstehenden Multimedia-Anwendungen, also die kombinierte Anwendung von digitalisierter Schrift, (bewegten) Bildern und Ton, werden ein großes Betätigungsfeld dieser neuen Unternehmer darstellen. Je häufiger die Kommunikation und auch der Kundenkontakt on line stattfinden, desto mehr werden auch verstärkt Nachfolger der jetzigen Werbeagenturen als Anbieter von mulitmedialen Produkten im Bereich der Virtual Corporations zu finden sein.

Mit so vielen potentiellen Interessenten, die gerne selbständig sein würden, und bei dermaßen geringen Anfangsinvestitionen für den Neueinsteiger ist es nicht verwunderlich, wenn sich zahlreiche Unternehmen, Gruppen und Verbände überall in den Industrienationen um diesen expandierenden Zukunftsmarkt kümmern.

So werden von vielen Seiten gewissermaßen »schlüsselfertige«

Konzepte angeboten. Teilweise sind die Anbieter spezialisiert, sie bieten Hunderte von Programmen an, mit denen man sich mit PC-Einsatz selbständig machen kann. Ergänzend dazu werden Literatur und Support angeboten. Besonders amerikanische Verlage führen Bücher zu allen nur denkbaren neuen Möglichkeiten der beruflichen Selbständigkeit in ihrem Sortiment, darüber hinaus bieten sie immer häufiger Kursmaterial für angehende Selbstangestellte an, von Reparaturleistungen über Programmieren bis hin zu Rechtsbeistand.

Ein interessantes Beispiel ist die »Charles Givens Organization«, die in den USA landesweit auf dem Gebiet des Home-Based Business tätig ist. Sie bietet unter anderem »Business in a Box« an, eine fertige Firma für neue Selbständige ohne ein existierendes Geschäft. Für die schon selbständig Tätigen wird das »National Strategic Alliance Network (NSAN)« angeboten. Dort erhält man voll-computerisierten Support, Beratung und Dienste in allen Bereichen, die den Selbstangestellten und kleine Unternehmer betreffen.

Außerdem gibt es viele Verbände, die dem HBB und damit dem von seiner Wohnung aus arbeitenden Selbstangestellten Rat erteilen, Kontakte herstellen und eine politische Lobby bieten. Zu den größten in den USA zählen:

- National Association for the Cottage Industry
- National Association of Home-Based Business
- National Association for the Self Employed
- National Federation of Independent Business

In praktisch allen Industrieländern bestehen weitere entsprechende Verbände, und ständig werden neue gegründet, um die Interessen der an Bedeutung zunehmenden Selbstangestellten zu vertreten.

Falls noch irgendwelche Lücken offengelassen wurden, werden diese von spezialisierten Anbietern geschlossen, deren Programm von Firmengründung, Buchhaltung für Selbständige über Bürobedarf bis hin zum kompletten Büroservice reicht.

Es treten natürlich auch auf diesem Gebiet viele unseriöse Firmen und Organisationen auf, die mit interessant klingenden Versprechungen von zukünftigen Aufträgen und Kooperationen die Gunst der Stunde nutzen wollen. Viele Neugründer sind zwar fachlich qualifiziert, haben teilweise auch kaufmännische Erfahrung, im Geschäftsleben sind sie aber unerfahren und locken deshalb viele dubiose Geschäftemacher und Ratgeber an. Unerfahrenheit, eine gewisse Leichtfertigkeit und das normalerweise vorhandene Anfangskapital bilden einen Köder, dem diese Haifische nicht widerstehen können. Fast jeder, der sich irgendwann selbständig gemacht hat, hat deshalb auch Lehrgeld in dieser Art zahlen müssen. Viele wurden schon frühzeitig ausgeplündert, der Traum von der Selbständigkeit war schnell zu Ende.

Der Rat für alle Neueinsteiger lautet deshalb, vorsichtig zu sein, sich zu informieren, sich beraten zu lassen. Verbände, Kammern, Kollegen, erfahrene Berater und nicht zuletzt die einschlägigen Foren in Mailboxen bieten eine Unzahl von Informationen und Diskussionsmöglichkeiten. Gleichgültig, wo man sein Geschäft betreibt, solange nur ein Telefonanschluß für das Modem in der Nähe ist, steht jedem ein großes Angebot an Rat und Hilfe zur Verfügung, man muß es nur (rechtzeitig) nutzen. Der beste Rat für jeden Neugründer ist deshalb: Gehen Sie on line!

Neue Organisationsformen werden zum Beispiel neue Büroformen hervorbringen, vom Büro in der eigenen Wohnung über das örtliche Bürocenter bis zum Büro-Hotelling. Das extremste Konzept ist das »non-territorial office«, was bedeutet, daß es ein Büro im herkömmlichen Sinn gar nicht mehr gibt, das Büro ist überall dort, wo sich der moderne Selbständige mit Laptop, Modem und Mobiltelefon gerade aufhält.

Der Arbeitsplatz wird mobil: Telekommunikation von unterwegs und daheim, Vernetzung von Arbeitsplatzcomputern und Verselbständigung bestimmter Aufgaben machen den Arbeitsplatz in Verwaltungsgebäuden nicht mehr allein vorherrschend.

Das *Time Magazine* zitiert John McCann, Professor an der Duke University, der den Selbstangestellten der Zukunft mit dem Cowboy im Wilden Westen vergangener Tage vergleicht: »Er pflegte im Westen umherzureiten und sich bei den Ranches zu verdingen, die gerade Arbeit hatten.«[90] In diesem Bild wird der moderne Selbständige als eine Art Wanderarbeiter dargestellt, was er wohl in gewisser Hinsicht auch ist. Das bedeutet jedoch keinesfalls, daß er auch ein Tagelöhner ist, also jemand, der seine, in der Regel bescheidenen,

Kenntnisse auf kurze Zeit verkauft und damit gerade so viel verdient, daß er sich am Leben hält.

Die Stellung des neuen Selbständigen wird wesentlich anders sein, und zwar aus mehreren Gründen. Zum einen wird die Ausbildung und gesamte fachliche Qualifikation des heutigen Selbständigen unvergleichbar sein mit der eines Tagelöhners aus früherer Zeit. Nur Menschen mit soliden Kenntnissen, der Fähigkeit zu selbständigem Arbeiten, die hochmotiviert sind, werden die Anforderungen erfüllen, welche die Zusammenarbeit von qualifizierten Spezialisten in einer Virtual Corporation an den einzelnen stellt. Unterqualifizierte, schlecht ausgebildete Menschen mit geringer Dynamik werden es schwer haben, schwerer als schon jetzt, denn für einen Selbstangestellten wird es kaum eine Nische geben, in die er sich verkriechen kann. Oder anders ausgedrückt: *Der moderne Selbstangestellte ist sein eigener Chef, und er wird um so erfolgreicher sein, je mehr er der ideale Mitarbeiter ist.*

Der neu Selbstangestellte wird sich auch in mehreren, gewissermaßen »schlafenden« Virtual Corporations organisieren, welche für bestimmte Projekte schon vorprogrammiert sind und bei Bedarf zum Leben erweckt werden. Dabei ist es sehr wahrscheinlich, daß er zur selben Zeit unterschiedliche Tätigkeiten anbietet und auch im Verlauf seines Arbeitslebens die Schwerpunkte seiner Tätigkeit mehrfach wechselt.

Spezialisierung und die damit verbundene Nischenfindung einerseits, breites Wissen auch auf benachbarten Gebieten andererseits – wie ist das zu vereinbaren? Es scheint hier auf den ersten Blick der Widerspruch zu bestehen, ob in der Welt der Virtual Corporation nun der Spezialist oder der Alleskönner gefragt ist.

Die Antwort auf die erste Frage ist: »Sowohl als auch!« Ein Wanderer benutzt ein Fernglas, wenn er sich auf ein bestimmtes Objekt konzentriert, doch braucht er auch gleichzeitig den Überblick über die gesamte Landschaft, damit er seine Position und den Weg zu seinem Ziel bestimmen kann. Für den selbstangestellten Wissensarbeiter gilt deshalb genauso, daß er auf einem speziellen Gebiet besondere Fachkenntnisse braucht. Außerdem hängt damit eng die Frage nach der Vorbildung, Ausbildung und Weiterbildung zusammen.

Man kann besonders in der Welt der Virtual Corporation nur bestehen, wenn man nicht alles für alle sein will. Durch die Spezialisierung erreicht man, daß man von Kunden und Kollegen eher als kompetent anerkannt wird. Außerdem wird man auch leichter in eine Virtual Corporation aufgenommen, weil man durch Spezialisierung nicht so schnell in Konkurrenz mit anderen Anbietern treten muß.

Wenn man das anbietet, was viele können, wird man sich letztlich nur über den Preis verkaufen können und nicht über seine speziellen Problemlösungsfähigkeiten. Dies ist aber die klassische Tagelöhner-Situation. Der selbstangestellte Problemlöser wird schon deshalb nicht leicht in die Situation des Tagelöhners kommen, weil für diesen kaum Bedarf in der Welt der Virtual Corporation besteht.

Zwei Grundsätze werden das Berufsleben des Selbstangestellten bestimmen: Man muß sein Einkommen durch Tätigkeiten auf verschiedenen Gebieten erzielen. Die Frage nach dem Beruf oder Tätigkeitsgebiet wird für einen Selbstangestellten nicht mehr mit einem Wort zu beantworten sein, sondern vielmehr eine Aufzählung von verschiedenen Tätigkeiten beinhalten. Auch innerhalb eines Gebietes wird sich die Bandbreite der Tätigkeiten vergrößern. So wird ein Selbstangestellter beispielsweise als Buchhalter arbeiten, aber neben der üblichen Tätigkeit noch einen Newsletter über die neuesten Entwicklungen auf dem Wohnungsmarkt herausgeben, Vorträge über Budgetplanung in privaten Haushalten halten und für Zeitschriften Artikel über seine Leidenschaft, die thailändische Kochkunst, schreiben.

Oder ein Ingenieur wirkt in verschiedenen Virtual Corporations bei der Konstruktion von technischen Geräten mit, gleichzeitig betreibt er einen Verlag für Do-it-yourself-Bücher und eine Bilddatenbank von Brücken-Fotos aus der ganzen Welt.

Durch diese Art der Streuung bildet sich auch eine Sicherheit beim Einkommen: Ist auf dem einen Gebiet die Auftragslage schlecht, betätigt man sich mehr auf anderen Gebieten.

Diese breitere Streuung der Tätigkeiten hat auch zur Folge, daß man mehrfach in seinem (wesentlich längeren) Berufsleben die Schwerpunkte seiner Tätigkeit ändern wird oder sogar völlig neue Tätigkeiten ausübt.

Da berufliche Tätigkeit in Zukunft langfristig kaum noch planbar sein wird, werden sich die jeweiligen aktuellen Tätigkeiten halb geplant und halb zufällig ergeben. Der zukünftige Selbstangestellte wird wesentlich stärker bereit sein, sich bietende neue Betätigungen zu ergreifen und Neues auszuprobieren. Es wird für ihn ganz selbstverständlich sein, sich in einer sich ständig verändernden Tätigkeitslandschaft zu bewegen, ihm wird die derzeitige Fixierung auf eine Tätigkeit zur Zeit und über das gesamte Arbeitsleben hinweg seltsam erscheinen. Diese Flexibilität fällt ihm auch deshalb leicht, weil der Übergang zwischen den einzelnen Tätigkeitsphasen fließender ist. Voll- oder sogar Überbeschäftigung und Arbeitslosigkeit sind bei dem Selbstangestellten nur zwei Extrempunkte, er wird sich normalerweise irgendwo dazwischen bewegen.

Die traditionelle Vorstellung von Bildung und Ausbildung ging dahin, diesen Teil auf das erste Drittel des Lebens zu verlagern und dann später mehr oder weniger stark davon zu zehren. Eine »ordentliche« Ausbildung war etwas, das einem Menschen einen Platz im Leben verschaffen sollte und seine zukünftige gesellschaftliche und wirtschaftliche Stellung bestimmte. Es erschien daher auch sinnvoll, diese Phase ausgiebig zu gestalten, da durch sie der spätere berufliche Lebensverlauf weitgehend bestimmt wurde.

Die Ausbildung der Zukunft wird sich ganz offensichtlich mehr auf einen Einstieg, auf Grundkenntnisse und Grundfertigkeiten konzentrieren, die dann ständig ausgebaut und ergänzt werden müssen. Die Ausbildung kann deshalb nicht mehr auf die Anfangsphase konzentriert werden, weil die Anforderungen an die Tätigkeiten sich zu schnell verändern werden. Es wäre völlig unsinnig, heute von einer Ausbildung im Bereich »Desktop publishing« zu erwarten, daß sie auch in zehn Jahren noch unverändert anwendbar ist, sie wird es wahrscheinlich schon in spätestens zwei Jahren nicht mehr sein. Man kann heute nicht einmal mehr sicher sein, ob dieses Gebiet in zehn oder zwanzig Jahren überhaupt noch von größerem Interesse sein wird. Sicher ist nur, daß mit den heutigen Kenntnissen nicht mehr viel anzufangen sein wird.

Wohnen und Arbeiten

Wanderungsbewegungen

In den letzten 150 Jahren hat es zwei[91] große Wanderungsbewegungen der Bevölkerung der Industrienationen gegeben:
- vom Land in die Stadt
- von der Stadt in die Vorstädte.

Seit einiger Zeit hat in den USA eine Wanderungsbewegung eingesetzt, welche von den städtischen Ballungsgebieten auf ländliche Gegenden hinzielt. Es wird geschätzt, daß im Jahre 2010 zwischen 30 und 50 % der Angehörigen des amerikanischen und kanadischen Mittelstandes außerhalb der Städte und Vorstädte wohnen werden. In der romantisch gefärbten Zeit der 70er war es eine Aussteigermentalität, welche Menschen dazu bewog, sich von der Leistungsgesellschaft abzukehren und eine andere Lebensform auf dem Lande zu versuchen.

Heute ist es besonders die gut ausgebildete und auch leistungsbereite Mittelschicht, die es leid ist, die immer stärker werdenden Probleme der Großstädte zu ertragen:
- Kriminalität
- Verkehrskollaps
- schlechte Umweltbedingungen
- hohe Lebenshaltungskosten, besonders hohe Mieten
- schlechte Versorgung mit öffentlichen Einrichtungen
- zunehmende Bürokratie.

Die Bevölkerung in den USA ist während der 1980er Jahre in ländlichen Gebieten um 11 %, in städtischen aber nur um 7 % gewachsen, bei einem Gesamtbevölkerungswachstum von 8,6 %. Dieser Trend setzte sich in den 90ern weiter fort.[92] Damit ziehen zum ersten Mal in der Geschichte der Vereinigten Staaten mehr Menschen aufs Land als in die Stadt. Besonders Südkalifornien, früher das Traumland der Mittelschicht, verliert verstärkt an Attraktivität. Die offensichtliche Überforderung der öffentlichen Verwaltung und die kaum noch bezahlbaren öffentlichen Leistungen, die immer weniger der zahlenden Mittelschicht zugute kommen, haben viele dazu veranlaßt, sich in mehr ländlichen Gegenden anzusiedeln.

Neue Techniken machen neue Lebensformen möglich, so wie zum Beispiel die Verstädterung ein Produkt des industriellen Zeitalters war. Die Großstädte brauchten elektrischen Strom, den Fahrstuhl, öffentliche Transportmittel, moderne Kanalisation. Die neue Lebensform braucht Transportmittel für Informationen, entsprechend wird sich das Wohnen in der Zukunft an der heutigen und zukünftigen Entwicklung der Informationstechnologie orientieren. Die Industrieproduktion erforderte, daß der Produktionsfaktor »Mensch« zu den Produktionsstätten kam, die moderne Kommunikationsgesellschaft transportiert den Produktionsfaktor »Information« zu den Menschen, die zukünftig ihre Arbeitsstätte zu Hause haben werden.

Was früher nur Aussteigern, Hippies und den Angehörigen von wenigen freischaffenden Berufen möglich war, ist jetzt für eine große Anzahl von Büroarbeitern möglich geworden. Konzepte wie das des »non-territorial office« machen den geographischen Standort eines Unternehmens oder Selbstangestellten unwichtig.

Menschen werden in einem »Electronic Cottage« arbeiten. Sie werden dort Berufe ausüben, bei denen sie nicht ortsungebunden sind und die sie am Wohnort ihrer Vorstellung ausüben können. Wie bei früheren Pionieren wird auch hier eine neue Lebensweise entstehen, so wie auch das industrielle Zeitalter seine eigene Kultur hervorgebracht hatte.

War es noch vor kurzem die Sonne der Südstaaten oder Kaliforniens, so sind es jetzt unter anderem die ländlichen Gegenden in den Rocky Mountains, welche die größte Anziehungskraft haben. Kleine Gemeinden verändern sich dadurch grundlegend, gemessen an der Wertschöpfung, die von dort Ansässigen erbracht wird, gehören sie zu den Großstädten.

Working-From-Home

Eine steigende Anzahl von Menschen geht von ihrer Wohnung aus ihrer Arbeit nach, besonders in den USA. Das Heim wird in den 90ern wieder zum Brennpunkt des Lebens, die *Los Angeles Times* schreibt in einem Trends-Forecast für die 90er Jahre: »Das Industriezeitalter hat die Menschen aus ihren Wohnungen an die Arbeitsplätze geholt, und jetzt im Informationszeitalter kehren die Menschen wieder zurück.«

Dieser Trend hat mehrere Ursachen, so wird das Working-From-Home und das damit verbundene Konzept des Telecommuting stark von öffentlicher Seite gefördert. Das Interesse der Politik und Verwaltung liegt unter anderem darin, neben der Erzielung von positiven ökologischen Auswirkungen den politischen und rechtlichen Ansprüchen von arbeitenden Frauen, häufig mit Kindern, sowie von Minderheiten und anderweitig Benachteiligten besser nachkommen zu können.

Es gibt in den USA 12 Millionen Vollzeit-Selbstangestellte, die von ihrer Wohnung aus arbeiten; eine etwa gleich große Anzahl wird als »Teilzeit-Selbständige« bezeichnet, wie CompuServe in einem Artikel mit dem Titel »The Alternative Office« ausführte. Zusammen mit den angestellten Telecommutern folgt daraus, daß ca. 25 % der 125 Millionen Erwerbstätigen der USA zumindest teilweise ihre Arbeit von ihrem Wohnsitz aus erledigen. Diese Zahl hat sich in den letzten 20 Jahren verdoppelt und steigt noch stark an.[93]

Prinzipiell muß man zwei Arten des Arbeitens von der eigenen Wohnung aus unterscheiden:

1. Telecommuting

Der amerikanische Ausdruck »Telecommuting« läßt sich am ehesten mit »Telependeln« übersetzen, es soll hier aber weiter der Begriff »Telecommuting« verwendet werden.

Es handelt sich hierbei um eine Arbeitsweise, die es durch den Einsatz der neuen Informationsübertragungstechnologie den Mitarbeitern eines Unternehmens ermöglicht, überwiegend von ihrer Wohnung als Basis aus zu arbeiten und nicht mehr täglich zu ihrem Arbeitsplatz fahren zu müssen. Mit ihrem Unternehmenssitz sind sie über Telefonleitung, Fax und den On-line-Anschluß ihres PCs an das Datennetz des Unternehmens verbunden. Arbeitsplätze in Büro und Verwaltung werden sich dadurch grundlegend verändern, selbst der Begriff »Arbeitsplatz« wird neu definiert werden müssen.

So schreibt Armin Ziegler: »Das Büro der Zukunft ist Gegenwart, auch für mittlere Betriebe und so manchen Freiberufler. Praktisch jeder Arbeitsplatz kann weltweit mit jedem anderen in Verbindung treten. Vor allem ist der Produktionsbetrieb in die Vernetzung einbezogen.«[94]

Die Macht von neuen Technologien zu grundlegenden Veränderungen wird häufig erst viele Jahre erkannt, nachdem diese Technologie eingeführt wurde. Zum Beispiel sind Telefone in den USA seit über 50 Jahren im Geschäftsleben allgemein verbreitet, aber erst vor kurzer Zeit ist das Konzept des Telecommuting entwickelt worden. Telecommuting, welches eine völlig neue Anwendung der Telefontechnologie ist, konnte sich erst entwickeln, als noch folgende Faktoren hinzukamen:

- verstärkter Wunsch der Arbeitnehmer nach flexibleren Arbeitszeiten und Arbeitsplätzen
- zunehmende Häufigkeit von Verkehrsstaus und Besorgnis wegen Luftverschmutzung und Benzinverbrauch
- ein neuer Trend in der Managementphilosophie, nach dem besonders Wissensarbeiter auch ohne direkte Überwachung produktiv arbeiten
- Telefonschaltungen, die den momentanen Standort des Empfängers unwichtig werden lassen. So können beispielsweise Kunden einen Spezialisten unter der gleichen Telefonnummer wie an seinem Büroarbeitsplatz erreichen, auch wenn er sich zu Hause in seiner Wohnung befindet.

Die technischen Möglichkeiten für eine weitreichende Änderung in unserer Arbeitsweise sind vorhanden, der Wunsch vieler Beschäftigter und auch Arbeitsloser nach neuen Arbeitsweisen sowie die ökologischen Anforderungen lassen den Siegeszug von Telecommuting und Working-From-Home unaufhaltsam werden.

2. Selbstangestellte

Selbstangestellte, im Amerikanischen treffend als »selfemployed« bezeichnet, sind Selbständige, die sich selbst angestellt haben und ein

Ein-Personen-Unternehmen betreiben. Typisch ist, daß sie von ihrer Wohnung als Büro und Ausgangspunkt aus arbeiten, ein sogenanntes »Home-Based Business« (HBB) betreiben.

Wie ein zufriedener Telecommuter sich ausdrückte, liegt der wesentliche Vorteil dieser neuen Lebens- und Arbeitsweise in dem, was er als einen »einheitlichen Tag« (integrated day) bezeichnete. Es ist die Möglichkeit, seinen Tag nicht in »Arbeit« und »Freizeit« aufteilen zu müssen, sondern diese beiden Komponenten vermischen zu können und dadurch Arbeit, Familie, Gemeinschaftsleben und andere Interessen miteinander verbinden zu können. Auf den obersten Vertreter dieser Arbeitsweise im Weißen Haus anspielend, bemerkte ein Amerikaner treffend: »Auch der Prädident arbeitet von zu Hause aus.«[95]

Beide Gruppen, Telecommuter und Selbstangestellte, haben sehr ähnliche Arbeitsbedingungen, der Hauptunterschied liegt in der unterschiedlichen vertraglichen Abhängigkeit gegenüber dem Hauptauftraggeber. Während die Telecommuter (noch) Angestellte eines Unternehmens sind, ist der Selbstangestellte bereits selbständig und arbeitet für das Unternehmen auf Vertragsbasis. Wie es für die Entwicklung der neuen Organisationsformen typisch ist, ist auch hier der Übergang fließend. Das Prinzip des Telecommuting beruht ohnehin auf der Selbständigkeit dieser Mitarbeiter, die ihre Tätigkeiten weitgehend selbst planen und bei denen das Unternehmen auf ständige Kontrolle verzichtet.

Verschiedene Untersuchungen haben ergeben, daß Teleworker und Selbstangestellte im Schnitt nur etwa zwei Tage in der Woche direkt in ihrer Wohnung am Arbeitsplatz verbringen. Dieses Ergebnis widerspricht der verbreiteten Ansicht, daß Teleworker isoliert in ihrer Wohnung vor dem Computer sitzen, ohne Kontakt zu Kollegen und Außenwelt.

Tatsächlich verbringt ein Selbstangestellter aber normalerweise nicht den größten Teil seiner Arbeitszeit in seiner Wohnung, am Schreibtisch vor dem Monitor seines Computers oder am Telefon. Besonders Selbstangestellte sind wesentlich häufiger bei ihren Kunden als in ihrem eigenen Büro, das nur das Basislager für ihre Tätigkeiten darstellt. Herkömmliche Büroangestellte verbringen dagegen gewöhnlich einen größeren Teil ihrer Arbeitszeit isoliert an ihren Schreibtischen, wobei man auch in einem Großraumbüro isoliert sein kann.

Außerdem werden bestimmte Tätigkeiten, die typisch für den Selbstangestellten sind, wie Programmieren, Textverarbeitung, schriftstellerische Arbeiten, häufig in einer gewissen Isolation ausgeübt, gleichgültig, ob der Betreffende in einem herkömmlichen Unternehmensbüro sitzt oder in seiner Wohnung am Schreibtisch.

Wenn eine Tätigkeit ganz überwiegend aus isolierter Arbeit vor einem Computerbildschirm besteht, so wird diese auch nicht interessanter, wenn man noch täglich zusätzlich zwei Stunden Arbeitsweg hat. Bei diesen Tätigkeiten kann es durchaus sein, daß die willkommenen Unterbrechungen durch Kollegen wegfallen und diese Menschen dann tatsächlich tagelang isoliert allein arbeiten, durch niemanden gestört. Die Lösung dieses Problems muß nicht die Rückkehr in ein Angestelltenverhältnis sein, sondern der Aufbau von entsprechenden Verbindungen und Kontakten. Es ist durchaus vorstellbar und wird auch so von Tele-Heimarbeitern gesehen, daß besonders monotone Bildschirmarbeiten in häuslicher Umgebung leichter zu ertragen sind, weil man andere Tätigkeiten dazwischen einstreuen und so die Eintönigkeit solcher Arbeiten entschärfen kann.

Zum Thema »Telecommuting« gibt es wesentlich mehr Untersuchungen als zum Thema »Selbstangestellte«, was auch damit zusammenhängt, daß Telecommuting-Projekte meist von Großunternehmen durchgeführt werden und sich starker Unterstützung öffentlicher Stellen erfreuen. Bei den HBBs der Selbstangestellten handelt es sich dagegen im wesentlichen um »Grassroots«-Unternehmen, welche trotz ihrer stark wachsenden Bedeutung sehr um Aufmerksamkeit und auch Förderung zu kämpfen haben. Die Entwicklung geht aber voraussichtlich dahin, daß das Telecommuting als eine Vorstufe zum unabhängigen Selbstangestellten anzusehen ist, der mit seiner alten Firma (und anderen Firmen) nur noch auf vertraglicher Basis arbeitet.

Das amerikanische Informationstechnik-Unternehmen AT&T hat sich als erstes US-Großunternehmen diesem neuen Konzept zugewandt und dabei erhebliche Pionierarbeit geleistet. Steve Ashley von AT & T Executive Information Systems meint, daß zwar zur Zeit noch die Kommunikationsverbindungen zu den Wohnsitzen der Mitarbeiter ein Problem seien, »aber sobald der ›Information Superhighway‹ installiert ist, wird dieses Problem verschwinden. Deshalb bin ich glücklich, sagen zu können, daß wir sehr wahrscheinlich das erste der Fortune-50-Unternehmen sein werden, von denen mehr als die Hälfte der Mitarbeiter telecommutet, wir werden nicht die einzigen bleiben.«[96]

Folgende Beispiele sollen einen Eindruck verschaffen, wie stark in den USA durch Gesetzgebung der Telecommuting-Gedanke gefördert wird:

1. Das US-Gesetz zur Luftreinhaltung (Clean Air Act)

Der Clean Air Act von 1990 verpflichtet Unternehmen mit mehr als 100 Angestellten in stark belasteten Gebieten, Pläne zu entwickeln, welche die Fahrten zum Arbeitsplatz um wenigstens 25 % verringern.

2. Federal Flexible Workplace Pilot Project (Flexiplace)

Bemühungen um die Luftreinhaltung bzw. Qualitätsbesserung der Luft haben verschiedene öffentliche Projekte hervorgebracht, welche Telecommuting fördern, so zum Beispiel das Federal Flexible Workplace Pilot Project (Flexiplace) (U.S. Office of Personnel Management: The Federal Flexible Workplace Pilot Project Work-at-Home Component, January 1993, U.S. Office of Personnel Research and Development, Washington DC Report PRD 92-15), das City of Los Angeles Telecommuting Pilot Project (»Mid-Term Performance and Cost-Benefit Analysis, City of Los Angeles Telecommuting Project«, JALA Associates, Inc., June 1992) und die »Puget Sound Telecommuting Demonstration«.[97] Andere Staaten (unter anderen auch Arizona) und Regionen fördern diesen Trend, die Anzahl der Projekte wächst ständig.

3. Das Hochleistungsrechner-Gesetz (High Performance Computing Act)

Ein weiteres US-Bundesgesetz, das die Ausweitung des Teleworking wesentlich fördern wird, ist der High Performance Computing Act of 1991.

Durch dieses Gesetz werden Forschung, Entwicklung und Einführung von Hochleistungscomputern und Daten-Infrastrukturen als nationale Aufgabe gefördert.[98]

Die Auswirkungen auf die Zukunft des Büros als Arbeitsstätte

Der Trend, mehr von der Wohnung aus zu arbeiten als in herkömmlichen Büros, wirkt sich verständlicherweise auf die Zukunft des Marktes für Büroraum aus, der sich aus einer Anzahl von Gründen auf dramatische Weise verändert. Die wichtigsten davon sind die Veränderung der Bevölkerungsstruktur, das Auftreten neuer Managementtheorien und Technologien und die zunehmende Bedeutung des Umweltschutzes.[99] In Verbindung mit der Virtual Corporation als neuer Arbeits- und Lebensform taucht in diesem Zusammenhang oft der Begriff des »non-territorial office« auf. Nach gängigem Sprachgebrauch versteht man darunter alle Arten von »nichttraditionellen« Büros, so unter anderem Büros in Wohnungen, aber auch in so neuartigen Gebilden wie örtlichen Büro-Centern (neighbourhood work center) oder »Corporate drop-in centers«, das sind von größeren Unternehmen regional unterhaltene Büroeinrichtungen, welche von den Mitarbeitern nach Bedarf genutzt werden können. Der Begriff »non-territorial« ist daher etwas irreführend, man würde es besser als »non-traditional« bezeichnen.

Links Resources Inc., ein New Yorker Marktforschungsunternehmen, hat ermittelt, daß Anfang der 90er Jahre 6 Millionen Amerikaner wenigstens an einem Tag der Woche telecommuten und daß dieser Anteil stark anwachsen wird. Der Schluß liegt daher nahe, daß die Zukunft herkömmlicher Bürogebäude und ganzer Bürostädte düster aussieht.

Daß das Thema der Verlagerung von Arbeitsplätzen aus den traditionellen Bürogebäuden in die Wohnungen und zu den Wohnorten der Mitarbeiter nicht spekulative Zukunftsbetrachtung ist, sondern ein schon zu beobachtender Trend mit bedeutenden Auswirkungen, zeigt auch ein Artikel von Clive Brenson im *The European:*[100] »Intensiver Wettbewerb zwischen den Unternehmen verringert die Beschäftigung, und immer mehr kaufen Arbeit extern ein. Technologische Fortschritte ermutigen Angestellte, von ihrem Wohnsitz oder von ihrem Auto aus zu arbeiten und das Büro weniger zu benutzen. Schließlich zieht eine steigende Anzahl US-Unternehmen (aus den Innenstädten) in die Vororte. Dieser Trend scheint das Ende der Innenstadt als Arbeitsplatz anzukündigen ...« Brenson fragt sich weiter, ob New York und andere Metropolen jemals wieder eine Expansion der Büroflächen erleben werden. »Die Antwort darauf könnte sein, diese Bürohäuser abzureißen und zurück in Grünflächen zu verwandeln.«

Die Auswirkungen für die Innenstädte, Grundstücksbesitzer, die Bauindustrie, Büroeinrichter und viele andere Betroffene werden gewaltig sein, Investitionsströme werden dadurch in Zukunft andere Richtungen einschlagen, die Investition in Bürohäuser wird sich immer weniger lohnen. Die Canary Wharf in den Londoner Docklands war nur ein Vorgeschmack auf diese Entwicklung.

Die zu erwartende Aufhebung der Trennung von Wohn- und Arbeitsstätte bedeutet nicht nur eine Belebung oder Wiederbelebung der Vorstädte, eine regionale Homogenisierung der Bevölkerungsstruktur (Schreibtischberufe können auch vom Dorf aus ausgeführt werden), sondern auch eine Wiederbelebung der Innenstädte. Diese sind fast überall zu reinen Büro- und Einkaufsgegenden mutiert und vielfach spätestens nach Geschäftsschluß entvölkert.

Eine interessante Studie über das »non-territorial office« des »Chicago Institute for The Study of Architecture & Technology« von Susan Greenwald kommt denn auch zu dem Schluß: »Es ist unwahrscheinlich, daß wesentlich mehr Bürogebäude von der Art, wie sie seit 1950 gebaut werden, benötigt werden, wenn man die starken Trends in Richtung Downsizing, Outsourcing, Virtual Corporations und Telecommuting berücksichtigt, besonders auch in Hinblick auf das Überangebot an traditionellem Büroraum in den meisten großstädtischen Ballungsgebieten.«[101]

Zur gleichen Zeit hat das gewachsene ökologische Interesse überall Studien in Gang gesetzt, welche die Besiedlungs- und Wachstumsmuster untersuchen, um die negativen Auswirkungen von Neuansiedlungen auf die Umwelt zu minimieren. So beschäftigen sich Diskussionen über die weitere und allgemeine Verbreitung von »Telecommuting« damit, ob dieses Konzept beispielsweise zu einer weiteren Streuung der Bevölkerung führt und damit auch zu einem erhöhten statt einem niedrigeren Bedarf an Straßen und Verkehr, wie allgemein unterstellt wird.[102]

Man ist zwar versucht zu sagen, daß die Virtual Corporation keinen physischen Standort hat, aber das stimmt nicht, sie hat sogar mehrere Standorte, nämlich die ihrer jeweiligen Mitglieder. Jeder Mitwirkende hat seinen Arbeitsplatz, in der Regel in seiner Wohnung, in seinem Haus. Diese Büros sind alle nach dem Geschmack, den finanziellen Möglichkeiten und den Bedürfnissen des jeweiligen Benutzers eingerichtet. Man kann zur Zeit lediglich davon ausgehen, daß ein Schreibtisch, ein Sitzmöbel, Telefon, Fax und PC, wahrscheinlich auch ein Modem vorhanden sind.

Andere Bürokonzepte können an Bedeutung gewinnen, so das kommunale Büro-Zentrum, in dem die Telecommuter verschiedener Firmen und auch die Selbstangestellten ihre Büros haben oder Büroraum und Büroeinrichtungen nach Bedarf reservieren und nutzen, nach dem sogenannten »Bürotel«-Prinzip.

Weitere Möglichkeiten für Selbstangestellte, in der Nähe ihrer Wohnung arbeiten zu können, wenn schon nicht von ihrem häuslichen Wohnsitz aus, sind Bürogemeinschaften bzw. die Benutzung von Büroservice-Unternehmen. Diese bieten zum einen eine Büroanschrift, Telefondienst und weitere Dienstleistungen sowie Bürogeräte an, zum anderen auch Räume für Besprechungen in verschiedenen Größen. Dieser Aspekt ist für viele Selbstangestellte eine Alternative, besonders weil die eigene Wohnung häufig nicht groß genug ist, um einen Raum als Büro zu erübrigen, und zumal Publikumsverkehr in der Privatwohnung lästig ist. Eine getrennte Geschäftsadresse ist außerdem für einige Tätigkeiten empfehlenswert, da eine Geschäftstätigkeit von der Wohnung aus häufig nicht ernst genommen wird. Häufig gibt es dazu noch gesetzliche und mietvertragliche Beschränkungen, die gewerbliche Tätigkeit in privaten Wohnungen verbieten.

Das California Telecommuting Pilot Project

Das California Telecommuting Pilot Project wurde 1985 von Jack Nilles, einem bekannten Fachmann auf diesem Gebiet, geplant und 1990 fertiggestellt. Gegenstand der Untersuchungen war u. a., ob öffentliche Aufgaben auch per Telecommuting effizient erfüllt werden können. Eine weitere wichtige Frage war außerdem, ob Telecommuting tatsächlich den Energieverbrauch und damit die Umweltbelastung reduziert. Um das Ergebnis vorwegzunehmen: Sowohl Jack Nilles als auch der Staat Kalifornien waren der Meinung, daß das Telecommuting-Projekt »alle wesentlichen Kriterien des Erfolgs erfüllt oder sogar übertroffen hat«.

Der Schlußbericht der Firma JALA Associates, Inc. unter dem Titel »The California Telecommuting Pilot Project Final Report« wurde 1990 veröffentlicht.

Folgende Vorbedingungen sind danach für den Erfolg eines Telecommuting-Projektes notwendig:

- Unterstützung durch die oberste Führungsebene in den betroffenen Unternehmen. (Die Unterstützung der nachgeordneten Managementebenen ist zwar auch unbedingt erforderlich, reicht aber allein nicht aus.)
- Telecommuter und ihre Vorgesetzten, also die Projektleiter, müssen Freiwillige sein.
- Auswahl von geeigneten Kandidaten.
- Gründliches Training.
- (Größere Kapitalinvestitionen sind nicht notwendig.)

Die Resultate aus diesem Projekt können folgendermaßen zusammengefaßt werden:

- Die Arbeitseffektivität der Telecommuter erfüllte oder übertraf die gehegten Erwartungen.
- Telecommuting verbesserte die Lebensqualität der Teilnehmer.
- Telecommuting erwies sich als fähig, Verkehrsstaus, Luftverschmutzung und Energieverbrauch zu verringern.

Das City of Los Angeles Telecommuting Pilot Project

Eine Studie über Telecommuting im Bereich von Los Angeles hat ergeben, daß die beteiligten Telecommuter ihre Effektivitätssteigerung während der Projektzeit auf 28 % schätzten, verglichen mit nur 16 % in der Vergleichsgruppe. Diese Bewertung wurde auch von den jeweiligen Gruppenleitern geteilt.

Für das Projekt wurde eine Kosten-Nutzen-Analyse durchgeführt, deren Ergebnisse gekürzt dargestellt werden sollen, weil die untersuchten Faktoren allgemein bei Telecommuting und Working-From-Home von Interesse sind und die Ergebnisse eine gewisse Allgemeingültigkeit in diesem Bereich haben.

Obwohl einige der wesentlichsten Nutzen aus diesem Projekt nicht quantifiziert wurden, zeigt sich doch, wie bedeutend diese Arbeitsform wegen des hohen Kosteneinsparungspotentials für die Unternehmen und der ökologischen und sozialen Vorteile für die Gesellschaft ist.

Obwohl einige der wesentlichsten postiven Nutzengrößen, wie

Kosten

Planung und Verwaltung des Projekts	$ 150000
Training/pro Teilnehmer	$ 150
Telefonkosten pro Teilnehmer und Monat	$ 3,17
Anschaffung von Computern insges.	$ 66048
Umzugskosten	keine
Mietkosten für Übertragungseinrichtungen (evtl. in Zukunft Nutzungsgebühren für Satelliten)	bisher keine
Zusätzliche Reisekosten	keine
Inanspruchnahme von Haftpflicht	bisher keine
Erhöhter Energieverbrauch am Wohnsitz pro Telecommuter und Monat	$ 6,34
Kosten für erhöhten örtlichen Verkehr (evtl. später, falls örtliche Bürogebäude gebaut werden sollten)	bisher keine

Nutzen

Erhöhte individuelle Leistungsfähigkeit pro Telecommuter und Monat	$ 344–503
Niedrigere Krankheitstage pro Jahr und Telecommuter	1 Tag
Niedrigere medizinische Kosten (Es wird eine Kostensenkung wegen Streßreduzierung erwartet)	bisher keine
Erhöhte Unternehmenseffektivität	0,5 % der Lohnsumme
Eingesparte Parkflächen pro Telecommuter und Monat	$ 22
Einsparung durch geringere Kündigungen in der Telecommuting-Gruppe	$ 307000
Einsparungen an Bürokosten (Dieser Posten sollte letztlich ein wesentlicher Einsparungsfaktor sein.)	noch nicht ermittelt
Erhöhte Attraktivität für neue Mitarbeiter	konnte wegen Einstellungsstopp nicht ermittelt werden
Energieeinsparung (Benzinverbrauch) pro Telecommuter	$ 120
Bessere Eignung der Arbeitsplätze für Behinderte	nicht ermittelt
(Anmerkung: In den USA bestehen strengste Nicht-Diskriminierungsbestimmungen, die auch auf Behinderte angewendet werden.)	
Verringerte Luftbelastung durch Verkehrswegfall	nicht ermittelt
(Dieser Posten macht jedoch einen wesentlichen Nutzen des Telecommuting aus.)	
Weniger Verkehrsstaus	nicht bewertet

Einsparung an Bürofläche und verringerte Luftverschmutzung, nicht bewertet wurden, kam die Studie zu einem geschätzten Nettonutzen des Projektes von etwa $1770000 bis $2590000.

Auch diese Kosten-Nutzen-Studie ist wie alle Studien dieser Art anfechtbar. Sie wurde aber dargestellt, weil sie zeigt, daß auch bei einer relativ konservativen Betrachtungsweise Telecommuting wirtschaftlich sehr sinnvoll sein kann.

Neben der wesentlichen Tatsache, daß offene, selbständigere Arbeitsweisen einfach deshalb kommen werden, weil sie von den Arbeitnehmern immer nachdrücklicher verlangt werden, ist auch wegen der Kostensenkungsmöglichkeiten zu erwarten, daß sich dieses Konzept in Zukunft stark verbreiten wird. Das gilt besonders dann, wenn die flächendeckende Versorgung mit Hochleistungs-Datenübertragungskanälen weiter fortgeschritten ist.

Diese »Information-Highways« werden deshalb bei der Entwicklung unserer Gesellschaft eine zentrale Rolle spielen, wirtschaftlich, sozial, politisch und damit auch kulturell. In dieser Hinsicht haben sie eine ähnliche Bedeutung wie der Eisenbahnbau im letzten Jahrhundert. Sie sind das bedeutendste Projekt unserer Zeit, hier werden die Mächtigen der Zukunft bestimmt, die Nachfolger der legendären Eisenbahnbarone.

Der Umfang von Telecommuting kann als ein Maßstab dafür angesehen werden, wie stark die Working-From-Home-Bewegung bereits heute ist und wie verbreitet Selbstangestellte in Zukunft sein werden. Wenn man die offensichtlichen Trends zum Working-From-Home sowie zum Outsourcing miteinander verknüpft, so sieht man, daß es sich beim Telecommuting häufig nur um eine Zwischenstufe zwischen dem klassischen, festangestellten Mitarbeiter im Unternehmensbüro und dem Selbstangestellten mit seinem Arbeitsplatz in seiner Wohnung handelt.

Mit dem Telecommuting wird der erste Schritt in die Selbständigkeit und Unabhängigkeit getan, der Abnabelungsprozeß vom Mutterunternehmen hat begonnen. In dieser Phase sind die Abneigungen gegen die neue Arbeitsform sowohl auf Arbeitnehmer- als auch auf Arbeitgeberseite zu überwinden. Besonders das mittlere Management befürchtet einerseits, seine Kontrolle über die telecommutenden Mitarbeiter zu verlieren und dadurch einen Produktivitätsverlust zu erleiden, andererseits den Verlust an Macht und Status, der sich in der kleineren Mitarbeiterzahl vor Ort ausdrückt.

Wenn diese Phase jedoch überwunden ist und sich herausgestellt hat, daß die Produktivität durch diese Maßnahmen eher ansteigt, ist der nächste Schritt in Richtung Selbständigkeit, daß mit den Telecommutern statt Arbeitsverträgen Dienstverträge abgeschlossen werden. Der Zustand des »freien Mitarbeiters« ist damit erreicht. Der darauffolgende und auch letzte Schritt in diesem Prozeß ist der bedarfsweise Vertragsabschluß mit den ehemaligen Mitarbeitern für einzelne Projekte. Die Mitarbeiter ihrerseits werden in dieser Phase auch in anderen Virtual Corporations arbeiten, mit anderen Mitwirkenden und für andere Auftraggeber.

Dieser Trend wird von Zukunftsforschern schon seit einiger Zeit gesehen, so schreibt beispielsweise Armin Ziegler: »Wenn die Unternehmen sich erst daran gewöhnt haben, daß ihre Angestellten nicht immer anwesend sind, so wird auch der Weg für Arbeitsverhältnisse geebnet sein, bei denen Selbständige Auftragsarbeiten für Firmen übernehmen.«[103]

Ein Beispiel für viele

Wenn auch der amerikanische Präsident von seinem Wohnsitz, dem Weißen Haus, aus arbeitet, so ist doch wahrscheinlich Schwedens Kulturministerin Margot Wallström die ranghöchste Telecommuterin.[104] Gleichzeitig ist sie auch ein beispielhafter Fall für die zu erwartende Veränderung in unserer Lebens- und Arbeitswelt.

Wie ihr Beispiel zeigt, ist es nicht schwer, sich vorzustellen, wie in durchaus absehbarer Zukunft immer größere Teile der öffentlichen und privaten Verwaltung von den Wohnungen der Mitarbeiter aus erledigt werden. Große Behördengebäude, seit den Zeiten der Antike Wahrzeichen und Brennpunkte staatlicher Macht, sind auf dem besten Wege, neuen Verwendungen zugeführt zu werden.

Zur Person:
Name: Margot Wallström
Alter: 40 Jahre
verheiratet
zwei Söhne: Viktor, 9 Jahre, und Erik, 16 Monate
wohnhaft in Hammarö, nahe Karlstad, etwa 300 km südlich von Stockholm, Schweden.
Beruf: Ministerin für Kultur

Wie unzählige berufstätige Frauen, besonders mit Kindern, muß auch Margot Wallström mit der Doppelbelastung durch ihre beruflichen und familiären Aufgaben kämpfen. Es ist aber nicht nur dieser Wunsch, die anfallenden Verpflichtungen möglichst effizient erledigen zu können, der Frau Wallström veranlaßte, den Weg des Telecommuting zu beschreiten, sondern, wie bei vielen anderen berufstätigen Menschen heutzutage auch, war es wesentlich der Wunsch, mehr Zeit mit der Familie verbringen zu können.

Die Folge war, daß ein Büro im 30 km entfernten Karlstad gemietet und mit modernster Informationstechnik ausgerüstet wurde, von dem aus die Ministerin zumindest an einem Tag in der Woche ihre Amtgeschäfte führt. Obwohl sie nicht direkt von ihrem Wohnsitz aus arbeitet, vermutlich, weil dort die technischen Voraussetzungen noch nicht gegeben sind, ist es doch ein eindeutiger Fall von Telecommuting.

Von ihrem Büro aus, fast 300 km von der Hauptstadt entfernt, hält sie Videokonferenzen mit den Mitarbeitern ihres Ministeriums ab und meint, daß sie auf diese High-Tech-Art mehr von ihren Mitarbeitern zu sehen bekommt als im Ministerium, wo sie wesentlich stärker auf das Telefon beschränkt ist – eine scheinbar paradoxe, aber doch plausible Aussage. Ihrer Meinung nach hat diese neue Arbeitsweise ihre Produktivität und die ihres Ministeriums erhöht, der persönliche Kontakt, wenn auch aus der Ferne und auf dem Bildschirm, zahlt sich aus. Menschen seien durch diesen direkten visuellen Kontakt weniger gestreßt, kämen schneller auf den Punkt, alles würde, wenigstens meistens, glatter ablaufen.

Neben der nach Meinung der Ministerin gestiegenen Effizienz und den unzweifelhaften Vorteilen für ihr Familienleben führt sie als weiteren Pluspunkt noch an, daß sie auf diese Weise einen wesentlich größeren Teil ihrer Zeit bei ihrer Wählerbasis, weitab von der Hauptstadt Stockholm, verbringen kann. Sicherlich kein unwichtiges Argument für eine politisch Verantwortliche in einer Zeit, in der in allen Staaten mit parlamentarischer Demokratie darüber geklagt wird, daß die gewählten Abgeordneten jeden Kontakt zur Bevölkerung verloren hätten und nur noch über die Medien und Lobbyisten zu erreichen seien. Besonders in den USA, mit einer weitverbreiteten, inzwischen fast an Haß grenzenden Abneigung gegen alles, was aus Washington, DC kommt, wird diese Vorstellung von einer mehr bodenständigen Regierung sicherlich viele Sympathisanten finden.

In Deutschland stellt sich angesichts dieser Entwicklung die Frage, ob eine materielle Übersiedlung der Ministerien von Bonn nach Berlin in dem geplanten Ausmaß überhaupt noch sinnvoll ist. Wenn auch wahrscheinlich die Ministerialbürokratie einen besonders starken Beharrungswillen hat, so ist doch anzunehmen, daß auch in diesen Bereich die neuen Arbeitsformen einziehen werden. Die Vorteile dieser Arbeitsweise wären gewaltig, die Effizienz könnte nach allen bisherigen Erkenntnissen erheblich gesteigert werden, die Familien der Beamten würden vor den Folgen von Trennung oder häufigem Wohnortwechsel bewahrt. Die neuen Hauptstädte werden in Cyberspace liegen, nicht auf Landkarten.

Natürlich hat die Arbeitsweise ihre Nachteile und die Ministerin auch ihre Kritiker.

Der Hauptkritikpunkt sind wie immer die hohen Kosten dieses Projekts. Etwa 5 % ihres jedoch kleinen Budgets[105] werden für das Telecommuting-Projekt der Chefin verwendet, der Prozentsatz wird in den nächsten Jahren auf 3 % fallen. Kritiker halten diese Ausgaben für Verschwendung und unterstellen, daß sich die Ministerin auf diese Weise ein bequemes Leben machen wolle, auf Kosten der Steuerzahler.

Was diese neue Arbeitsform der Ministerin tatsächlich kostet, ist offensichtlich noch nicht errechnet worden. Folgende Faktoren müßten bei einer, wie auch immer gearteten Kosten-Nutzen-Rechnung berücksichtigt werden:

Neue Methoden sind immer kostspieliger als alte. So kann ein Teil der Aufwendungen auch als Forschungsaufwand angesehen werden, der für die Entwicklung neuer Arbeitsformen aufgewendet wird. Das ist besonders für ein Land wie Schweden, mit seiner enormen Nord-Süd-Ausdehnung und im Norden nur schwachen Infrastruktur, von erheblicher Bedeutung. Schweden würde erheblich davon profitieren, wenn es dieses Problem lösen könnte. Als sozial sehr fortschrittliches Land ist es seinen berufstätigen Frauen auch die Entwicklung solcher neuen Arbeitsformen schuldig.

Ein Ministerium und der Minister sind immer eine teure Angelegenheit. Eine Ministerin gehört zur absoluten Führungsspitze eines Landes, von der Qualität ihrer Tätigkeit werden normalerweise Millionen Menschen betroffen, große wirtschaftliche Entscheidungen werden beeinflußt. Wäre Frau Wallström Vorstand eines internationalen Großunternehmens, wären solche relativ bescheidenen Aufwendungen für sie wahrscheinlich gar kein Thema (»peanuts«).

Auch wenn die Ministerin täglich nach Stockholm kommen würde, zum Beispiel per Hubschrauber, wäre dies immens teuer und würden zudem viele Stunden mit unnützen Fahrten vergeudet. Auch eine doppelte Haushaltsführung wäre sicherlich kostspielig und würde die üblichen Nachteile für die betroffenen Personen mit sich bringen.

Wie schon so oft in der Geschichte wurde einer Neuerung dadurch Auftrieb verliehen, daß eine wichtige Person von einem Problem betroffen war, das sonst in erster Linie die vielen Menschen ohne Macht betraf. Dadurch, daß eine Ministerin technische Neuerungen zur Verbesserung ihrer Lage als arbeitende Mutter einsetzte, wurde ein neues Kapitel aufgeschlagen.

Man kann annehmen, daß wesentlich größere Mittel an vielen anderen Stellen für wesentlich weniger sinnvolle Projekte eingesetzt werden. Es ist immer wieder erstaunlich, wie schnell Politiker, die sonst so schnell keine Reise um den halben Erdball zu einer obskuren Konferenz ausschlagen, sich auf Sparsamkeit besinnen, wenn es darum geht, neue, zukunftsträchtige Arbeitsformen zu entwickeln.

Frau Wallström liegt daher wahrscheinlich mit ihrer Vermutung richtig, daß die Motive ihrer Gegner eher in einer allgemeinen Abneigung gegen Veränderungen liegen. Besonders die machtbewußten und egozentrischen Hauptstadtpolitiker können sich nach ihrer Ansicht nicht damit abfinden, daß Stockholm nicht mehr das uneingeschränkte Power-Zentrum des Landes sein soll. Das Establishment bekommt kalte Füße.

Für die weltweit an Bedeutung zunehmende Working-From-Home-Bewegung ist die Tätigkeit der Ministerin Wallström von exemplarischer Bedeutung. Der Wunsch nach einer neuen, selbstbestimmten Arbeitsweise, die private Wünsche mit beruflichen Anforderungen vereinbar macht, wird durch High-Tech-Kommunikation und Verlagerung des Arbeitsortes zum Wohnort erfüllt. Die Kosten für diese Lösungen werden weiter sinken, die der hergebrachten Varianten dagegen steigen, denn die variablen Kosten selbst für den aufwendigsten Transport von Information werden normalerweise niedriger sein als die für den Transport der Informationsquellen, das heißt der Menschen.

Die Auswirkungen

Wie wird sich unsere Welt durch den Einsatz der neuen Technologien entwickeln?

Die Szenarien schwanken zwischen distanziertem Abwarten und fast hemmungslosem Ausleben von Zukunftsvisionen und technischen Wunderwelten.

Kritiker der neuen Arbeitsformen führen häufig technische Schwierigkeiten an oder organisatorische Probleme oder ganz einfach zu hohe Kosten. Diese Argumente scheinen auf den ersten Blick auch stichhaltig zu sein, sie übersehen aber, daß dies typische Begleiterscheinungen aller neuen Technologien sind. Die Skeptiker verweisen auf die eigentlich nicht verwunderliche Tatsache, daß die neuesten Entwicklungen auf dem Gebiet der Informationstechnologie weder technisch perfekt noch preisgünstig sind und häufig noch nicht einmal die ihnen zugesprochenen Produktivitätssteigerungen glaubhaft nachgewiesen werden können. So sind bei dieser Betrachtungsweise die Einsparungen im Berufsverkehr durch den Einsatz von Telecommuting minimal, die Kosten für die Datenleistungen, Hard- und Software dagegen unwirtschaftlich hoch.

Die Bedeutung dieser neuen Arbeitsformen liegt aber nicht in ihrer momentanen Kosteneffizienz, sondern in ihrem großen Potential an Effektivität.

So war beispielsweise auch das Auto zuerst dem damals domierenden Transportmittel, Pferd und Wagen, ganz erheblich unterlegen, ähnlich wie auch die Feuerwaffen gegenüber Pfeil und Bogen. Erst nachdem sich eine entsprechende neue, komplementäre Technologie entwickelt hatte, in der sich diese Erfindungen mit ihrem ganzen Potential entfalten konnten, haben sie ihren Siegeszug angetreten.

Die interaktiven, direkt auf den Kunden bezogenen Produktionsverfahren und wirtschaftlichen Organisationsformen werden sich auch deshalb durchsetzen, weil sie von Natur aus in starkem Maße das erzeugen, was andere Verfahren nur unzureichend zustande bringen, nämlich Kundenzufriedenheit. Diese Kundenzufriedenheit entsteht aus der direkten Befriedigung von Kundenwünschen, durch die gezielte Produktion von Problemlösungen.

Die andere extreme Fraktion hingegen, die »Techno-Freaks«, ergeht sich in Visionen einer Zukunft, in der jeder mit jedem praktisch jederzeit kommuniziert, jeder alles kennt und alles weiß und, ganz besonders wichtig, in der keine Wünsche unerfüllt bleiben – ein Bild der schönen neuen Welt.

Was ist tatsächlich zu erwarten? Man kann sich die Antwort leichtmachen und »philosophisch« antworten, daß die Wahrheit wie immer irgendwo in der Mitte zwischen diesen beiden Extremen liegen wird. Es ist aber sinnvoll, zwischen der technischen Entwicklung und den zu erwartenden Veränderungen in unserem Alltagsleben zu unterscheiden.

Auf technischem Gebiet hat die Entwicklung in der Vergangenheit gezeigt, daß Utopien meist von der Realität wesentlich schneller eingeholt wurden als erwartet. Man kann sagen, daß alles, was auf technischem Gebiet vorstellbar ist, auch entwickelt wird, und meistens früher als erwartet, entsprechend dem alten Marketing-Lehrsatz, nach dem der Kunde das neue Produkt schon längst erfunden hat.

Wenn der Weg der Produktion auf allen möglichen Gebieten in Richtung »Customizing« geht, so ist die interaktive Einbindung des modernen Menschen in elektronische Informationsnetze eine zwangsläufige Entwicklung, ob man diese Vorstellung nun mag oder nicht.

Aus dieser Zwangsläufigkeit folgt aber nicht, daß sich der moderne Mensch aus der Realität nach Cyberspace verabschieden wird. Tatsache ist, daß durch die neue Lebens- und Arbeitsweise dem modernen Selbstangestellten die Möglichkeiten zu einer positiven Entwicklung, zu einem für ihn sinnvolleren, selbstbestimmten Leben gegeben werden.

Man sollte sich bei dem Blick auf die zukünftige Entwicklung nicht von lauter »Virtualität« irremachen lassen. Cyberspace mit seinen Informationsnetzen ist »nur« eine neue, aber wichtige Dimension im Leben der modernen Menschen, genauso wie auch das Auto und das Fernsehen unser Leben nachhaltig verändert haben.

Wir, das heißt die Menschen, sind ganz real und werden es hoffentlich auch bleiben, und als reale Wesen leben wir in einer realen Welt mit realen Bedürfnissen. Wir brauchen trotz aller virtuellen Welten noch Wohnung, Nahrung, Kleidung, Transportmittel und nicht zuletzt auch die technischen Einrichtungen, also die Hardware, die uns den Zugang zu Cyberspace mit seinen virtuellen Welten ermöglichen.

Dienstleistungen können zwar teilweise in Cyberspace ausgeführt werden, aber eben nur teilweise. Unsere Haare werden wir auch weiter vom Frisör schneiden lassen – ganz real.

Auch Telefon, Telefax, Personalcomputer, Video und was es noch alles gibt, haben nichts daran geändert, daß die Kinos, Kneipen und Restaurants voll sind, immer mehr Menschen aktiv Sport treiben, Konzerte und Ausstellungen ausgebucht sind, daß immer mehr Bücher gelesen werden.

Menschen sind seit Beginn ihrer Existenz an eine reale Umwelt gewöhnt, und Cyberspace ist nur eine neue Dimension des Phantasielandes, das zum Leben seit jeher gehört hat. Wie immer werden einige drin verschwinden, so wie früher Menschen von der Welt der Bücher, der Bilder und anderen virtuellen Welten aufgenommen wurden. Wie immer werden auch jetzt die bekannten Welten als harmlos eingestuft und romantisiert, jeder Einkauf im Supermarkt und jeder Kinobesuch werden zu einem Ereignis zwischenmenschlicher Kommunikation erhoben. Mit hundert Menschen in einem dunklen Kinosaal einen Film anzusehen wird als »kommunikativ« eingestuft, den gleichen Film in seiner Wohnung über Pay-TV mit seinen Freunden anzusehen dagegen als Beispiel für den Untergang jeglicher Kultur. Wenn sich jemand mit Büchern aus der Alltagswelt zurückzieht, gilt er als belesener Intellektueller; jemand, der die gleiche Zeit im Internet verbringt und dort Anregungen sammelt und Informationen austauscht, wird im günstigsten Fall als »Freak« bezeichnet.

Einige Futurologen, wie beispielsweise Alvin Toffler, sehen sogar das Ende der Romantik kommen. Auch diese pessimistische Erwartung ist wohl unbegründet, denn wenn »Romantik« und »Liebe« das Industriezeitalter, zwei Weltkriege, Konzentrationslager und auch allen Schund in Wort, Bild und Ton überlebt haben, wird auch Cyberspace nicht siegen.

Sicher ist, daß sich der Schwerpunkt des Alltagslebens verlagern wird, hin auf den häuslichen Bereich. Es werden vielleicht nicht die Kleinfamilien alten Zuschnitts wiederauferstehen, es wird sich durch das vermehrte Zusammensein auch eine Vielfalt von Formen des Zusammenlebens bilden, man wird wieder mehr »zusammen leben«. Die neuen Technologien werden diese Lebensweisen ermöglichen und begünstigen – nicht nur die Produkte, sondern auch das individuelle Leben wird dadurch »customized«.

Wirtschaftliche Auswirkungen

Wirtschaften ist die sparsame Verwendung vorhandener Mittel. Erfolgreich wirtschaften bedeutet deshalb nicht, möglichst viel zu produzieren, sondern mit den vorhandenen Mitteln seine Ziele möglichst weit zu verfolgen. Das Ziel wirtschaftlichen Handelns ist also, die Produktivität der eingesetzten Mittel zu erhöhen, und nicht unbedingt die Produktion. Wenn man nach den wirtschaftlichen Auswirkungen der Virtual Corporation fragt, also nach ihrem wirtschaftlichen Erfolg, muß die Frage lauten: »Wird es uns in unseren materiellen Lebensumständen mit diesem neuen Konzept bessergehen als ohne?«

Wenn man den Erfolg einer Volkswirtschaft in erster Linie an der Höhe ihrer gesamten Produktion mißt, also beispielsweise an ihrem Bruttoinlandsprodukt, kann die Forderung nur »noch größere Produktion« lauten – von was auch immer. Volkswirtschaftliche Gesamtrechnungen bewerten alle Wertschöpfungen gleich, ob sie nun sinnvoll sind oder nicht. Die Produktion einer Bombe erhöht den Erfolg in dieser Rechnung mehr als die Produktion von hundert Fahrrädern.

Die Virtual Corporation trägt auf zwei Arten zur sparsameren Verwendung vorhandener Mittel (Ressourcen) bei:

Erstens können erhebliche Aufwendungen für Bürogebäude und Transport eingespart werden. Der gegenwärtige Zustand auf dem Bausektor ist, daß Baukapazitäten ohne staatliche Subvention bevorzugt im Büroneubau eingesetzt werden, weil dort eine bessere Rendite für das eingesetzte Kapital zu erwarten ist. Kapitalkräftige Unternehmen sind in der Lage, Mieten für Bürofläche zu zahlen, die von fast keinem Mieter für seine Wohnung bezahlt werden können. Die Folge ist, daß Büro- und Geschäftsbauten in verkehrsgünstigen Lagen die Grundstückspreise in einer Weise in die Höhe treiben, daß die Innenstädte fast völlig entvölkert sind. Wenn diese Nachfrage wegfällt, womit gerechnet werden kann, stehen die Baukapazitäten und Bauplätze wieder verstärkt für den Wohnungsbau zur Verfügung, der Wohnungsmarkt muß nicht mehr in dem Umfang wie bisher mit dem Markt für kommerzielle Immobilien konkurrieren.

Eine weitere positive Folge der Virtual Corporation wird die erhebliche Verringerung der Fahrten zum Arbeitsplatz und anderer beruflich bedingter Fahrten sein. Es wird dadurch nicht nur der direkte Verbrauch an Kraftstoff verringert und auf diese Weise die Umwelt weniger belastet, es müssen auch weniger Straßen, Autos und andere Verkehrsmittel bereitgestellt werden, für deren Herstellung und Unterhalt gleichfalls erhebliche Energie verbraucht wird; auch das sparsamste Verkehrsmittel verkörpert eine riesige Energiemenge, die bei seiner Herstellung verbraucht wird. Die einzig wirksame Strategie zur Verringerung von Schadstoffbelastung der Umwelt durch Verkehr ist, jede unnötige Fahrt zu vermeiden und die noch notwendigen Fahrten möglichst sparsam durchzuführen. Die Lösung des Problems der Luftverschmutzung durch Autoabgase ist nicht ein neues Auspuffsystem oder das 3-Liter-Auto, auch schon gar nicht die flächendeckende Versorgung mit Schienenfahrzeugen, sondern die konsequente Verringerung aller Fahrten. Die Zusammenlegung von Wohnort und Arbeitsort kann ein wesentlicher Beitrag dazu sein.

Durch die weitere Verbreitung der Virtual Corporation als Arbeitsform ist eine höhere Produktivität des Faktors Arbeit zu erwarten, eine Tendenz, die auch von den bisherigen Untersuchungen auf diesem Gebiet bestätigt wird. Diese gesteigerte Produktivität kann auch zu einer Steigerung der Produktion führen, sie muß es aber nicht. Eine gesteigerte Produktion an sich ist außerdem weder gut noch schlecht; es hängt davon ab, was produziert wird, damit man es entsprechend bewerten kann.

Die Virtual Corporations werden auch im Bereich der internationalen Wirtschaftsbeziehungen tiefgreifende Veränderungen nach sich ziehen. In dieser neuen Arbeitsform verliert der Standort allgemein an Bedeutung: Wenn die Mitarbeiter an einem Projekt nicht mehr physisch an einem Ort mit ihren Kollegen zusammenkommen müssen, ist es letztlich auch gleichgültig, wo man sich auf dieser Erde befindet, solange ein Telefonanschluß vorhanden ist, der den PC mit denen der Kollegen verbindet.

In einem solchen Szenarium ist es wahrscheinlich, daß Projekte auf internationaler Ebene durchgeführt werden. Besonders für wirtschaftliche Schwellenländer hat die Entwicklung der Virtual Corporation daher einige positive Aspekte. Das elektronische Dienstleistungsangebot dieser Niedriglohnländer steigt, was aber gleichzeitig auch bedeutet, daß die Anbieter dieser Leistungen in Hochlohnländern einem stärkeren Wettbewerb ausgesetzt sein werden. »Dumping«-Vorwürfe werden in Cyberspace ungehört verhallen.

Ein weiterer Vorteil dieser Internationalisierung von Projekten ist, daß schneller Know-how in andere Länder transportiert wird. Alle Beteiligten in einer Virtual Corporation sind ständig über das gesamte Projekt informiert, »Geheimniskrämerei« widerspricht völlig dem Grundgedanken der Virtual Corporation, deren wesentlichster Vorteil in der Schnelligkeit der Projektausführung liegt.

Aufgrund des beschriebenen Zusammenhangs besteht die Aussicht, durch relativ kostengünstige Einführung der Informationstechnologie in den Schwellenländern zu verhindern, daß sich dort die negativen Verkehrsbelastungen entwickeln, mit denen die Industrienationen derzeit zu kämpfen haben. Alle Bemühungen hier, die Umweltbelastung durch weniger Autoverkehr zu senken, sind völlig hoffnungslos, wenn sich zu gleicher Zeit in anderen Teilen der Welt Millionen von Menschen zusätzlich mit dem Auto auf den täglichen Arbeitsweg machen. Nur wenn in diesen Ländern die Motorisierung erst gar nicht in dem Ausmaß stattfindet wie in den Industrieländern, haben Umweltmaßnahmen Aussicht auf Erfolg. Dies wird aber nicht eintreten, wenn in Indien und China die Fahrradfahrer von heute die Autofahrer von morgen sind. Wenn man jedoch realistisch ist, muß man sehen, daß dort ein entsprechendes Nachfragepotential besteht und es deshalb auch nicht an Anbietern mangeln wird, die diese Nachfrage befriedigen. Schon jetzt lassen Schwärmereien der Industrie über die »riesigen Zukunftsmärkte« in Osteuropa und Asien ahnen, wie die Entwicklung verlaufen wird. Wenn man von Virtual Corporations spricht, sollte man auch an solche internationalen Verflechtungen denken und nicht nur an den Selbstangestellten in der Lüneburger Heide.

Die Gleichsetzung von »Billiglohnländern« mit gering qualifizierter Arbeit und Massenproduktion ist falsch. Genau so wie in diesen Ländern technisch äußerst anspruchsvolle Qualitätsarbeit durchgeführt wird, ist dort auch das Arbeitskräftepotential für hochwertige technische Entwicklungsarbeit und Programmiertätigkeiten vorhanden, und dieses Potential wächst stetig. Einerseits sind High-Tech-Güter selbst Massengüter – auf einen Vorsprung auf diesem Gebiet zu bauen wäre leichtfertig –, zum andern ist entgegen einer weitverbreiteten Ansicht nicht die Massengüterproduktion das typische Betätigungsfeld von Entwicklungs- und Schwellenländern der Zukunft, sondern mittels Datenverarbeitung erstellbare und transportierbare Dienstleistungen, allen voran Programmierung und ähnliche Tätigkeiten, aber auch Dienstleistungen im Bereich technischer Konstruktion und Entwicklung sowie Design.

Für die postindustriellen Wirtschaftsnationen wird diese verstärkte Beteiligung von Anbietern der Dritten Welt nicht nur erfreuliche Auswirkungen haben. Die neue Informationstechnologie mit ihren daraus folgenden Arbeitsformen wie der Virtual Corporation gleicht nicht nur Wettbewerbsunterschiede zwischen dem Großunternehmen und dem Einmannbetrieb aus, dieser Ausgleich findet auch auf internationaler Ebene statt. Relativ geringe Einstiegskosten in diese Technologie ermöglichen es auch vielen kleinen Anbietern besonders in Schwellenländern, durch Virtual Corporations bei internationalen Großprojekten mitzuwirken. So hat im Industriezeitalter unser Wirtschaftssystem dazu geführt, daß durch Exporterfolge im Anlagenbau und Maschinenbau fast die gesamte Schwerindustrie und auch weitgehend die Massenfertigung in frühere Entwicklungsländer abgewandert sind. Auch die Produktion von High-Tech-Gütern hat sich in diese Länder mit qualifiziertem Arbeitskräftebestand und niedrigen Lohnkosten verlagert.

Es wird im Zukunft deshalb wahrscheinlich so sein, daß wir nicht nur unsere Industrieprodukte aus diesen Ländern beziehen, sondern auch einen größeren Teil unserer Dienstleistungen. Die Frage wird dann sein, was wir anzubieten haben, um diese Waren noch zu bezahlen. Was können wir dann noch so viel besser, daß unsere hohen Preise weiter akzeptiert werden? Es kann durchaus sein, daß es uns dann ergeht wie dem Kaiser mit seinen neuen Kleidern: Wir sind nackt und wissen es bloß noch nicht. Die Antwort auf diese schockierende Erkenntnis kann durchaus ein Rückzug in einen neuen Protektionismus sein, durch den die Hochlohnländer versuchen werden, ihren Lebensstandard zu retten. Wahrscheinlich wird diese Strategie aber nicht den gewünschten Erfolg haben, denn unser jetziger Wohlstand beruht nicht zuletzt darauf, daß große Teile der Weltbevölkerung direkt oder indirekt für wenig Geld für uns arbeiten, daß wir für einen Tag unseres Lebens einen Monat von ihrem bekommen.

Es besteht außerdem die Gefahr, daß die selbstangestellten Menschen in der neuen Gesellschaft der virtuellen Produkte und Virtual Corporations als Arbeitskräfte und auch als Konsumenten immer intensiver ausgebeutet werden. Das Prinzip des »Customizing« bedeutet, daß auch der letzte Wunsch des zahlungskräftigen Konsumenten erfüllt wird. Der Konsum wird noch stärker angeheizt, dem Konsumenten werden nicht mehr Waren angeboten, und es wird nicht mehr versucht, ihn zum Kauf existierender Waren zu beeinflussen, vielmehr versucht man den Konsumenten und seine Wunschvorstellungen ständig zu manipulieren, so daß er nach etwas Neuem verlangt. Marketing ist dann noch mehr als bisher die Aufrechterhaltung einer permanenten Unzufriedenheit. Der Verkäufer ist dann nicht, wie oben geschildert, Problemlöser und Berater, sondern eher ein »Problemerzeuger«. Es handelt sich dabei wohlgemerkt nicht um eine gänzlich neue Erscheinung. Genau so wie das Virtuelle Produkt in gewisser Weise das Produkt an sich ist, so ist auch sein Marketing Marketing in Reinkultur, an kein bestehendes Produkt gebunden. Der Kunde braucht sich nicht mehr ein spezielles Produkt zu wünschen, das in der Produktpalette des Anbieters enthalten ist, er braucht sich überhaupt nur noch ein Produkt zu wünschen – Wünsche werden generell und in »real-time« erfüllt –, wenn man nur bezahlen kann.

So wie die gestiegene Produktivität für die wirtschaftliche Entwicklung günstig sein kann, so kann sie auch bedeuten, daß noch mehr produziert wird und die Menschen des postindustriellen Zeitalters noch unersättlicher sein werden, als sie es zur Zeit der industriellen Massenproduktion schon waren. Die gestiegene Fähigkeit, alle Wünsche der Konsumenten möglichst vollständig und sofort zu erfüllen (»Schnelligkeit« und »Customizing«), zeigt in diese Richtung. Wie schon jetzt ist der größte Feind des Wirtschaftswachstums die Zufriedenheit des Konsumenten, die Wunschlosigkeit wird so zur asozialen Einstellung.

Die Frage der zukünftigen Wohlstandsgesellschaft wird deshalb die gleiche Frage sein, die wir auch bisher nicht zufriedenstellend beantwortet haben: »Wieviel ist genug?«

Ob wirtschaftliche oder soziale Auswirkungen, mit dieser neuen Arbeitsform ist es wie bei allen vorherigen Neuerungen in der Geschichte der Menschheit: Die Möglichkeiten einer positiven Weiterentwicklung werden größer, ob sie aber entsprechend genutzt werden, hängt von den Menschen selbst ab.

Politik und Staat

Die alte Marxsche These besagt, daß »das Sein das Bewußtsein bestimmt«. Es ist wie mit der Frage, ob Huhn oder Ei zuerst da war. Unbestritten ist aber, daß die Umstände unserer täglichen Arbeit, also das Wie und Wo, unser Leben, Handeln und Denken bestimmen.

Wenn man von dieser These ausgeht, kann man zu unterschiedlichen Ergebnissen über die Auswirkungen der neuen Produktions- und Arbeitsweisen kommen.

Zu den Gefahren dieser neuen Arbeitsformen schreiben Davidow/Malone: »Dieses Mal droht nicht Unterwerfung, Ausbeutung oder Entmenschlichung, sondern Unsicherheit, das Fehlen einer verläßlichen Struktur und – ganz schlicht – zuviel Verantwortung.«

Während in den USA Working-From-Home und Telecommuting von Großunternehmen und staatlichen Stellen als wichtige und förderungswürdige Entwicklung angesehen werden, scheint in Europa, zumal in Deutschland, der Blick mehr auf die Rettung vergangener Strukturen gerichtet zu sein.

Die neue Arbeitsform, also als Selbstangestellter von seiner Wohnung aus zu arbeiten, wird wahrscheinlich in den nächsten Jahrzehnten die übliche Arbeitsweise werden. Ihr Kennzeichen ist, daß sie wesentlich stärker auf Zusammenarbeit, also Kooperation, aufbaut und sich damit erheblich von der typischen Organisationsweise der industriellen Produktion unterscheidet, die durch Hierarchien gekennzeichnet ist und von der Durchsetzung von Zielen und Methoden von oben nach unten. Auch wenn diese autoritäre Führungsform theoretisch als nicht mehr zeitgemäß eingestuft wird, bleibt es in der Praxis doch so, daß »dominieren«, »führen«, seine Ansichten durchsetzen, seine Ziele verwirklichen den Weg nach »oben« bedeuten. In der Welt der Virtual Corporation gibt es dies »oben« und »unten« nur noch sehr schwach ausgeprägt.

Der Bedarf an Führung ist immer dann besonders gefragt, wenn über die Ziele keine Einigkeit herrscht, und folglich auch nicht über die Wege zu den Zielen. Der Führer bestimmt das Ziel, und er weist den Weg dorthin. In einer Gesellschaft, welche vom Konsens getragen wird, ist der Bedarf an Führung sehr viel geringer. Ihre Führer sind mehr »Durchführer« und für die Realisierung der Strategien zuständig. In einer Arbeitswelt, in der Problemlösungsverfahren von unabhängigen Spezialisten gemeinsam entwickelt werden, gibt es nicht viel zu führen, wohl aber zu koordinieren. Die Führung einer Virtual Corporation liegt zum einen in der Initialzündung des Projektes, zum anderen in der Koordination der Beteiligten und der Moderation von Konfliktlösungen. Die Höhe der Belohnung der Mitglieder einer Virtual Corporation richtet sich nach dem Beitrag zur Lösung des Problems, welches man als Projekt bearbeitet.

Die eine denkbare Entwicklung ist, daß die Menschen in der Virtual Corporation wegen der notwendigen Kooperationsfähigkeit ihr gesamtes soziales Verhalten entsprechend ändern werden.

Die Erfahrungen der Vergangenheit zeigen allerdings, daß man in dieser Richtung nicht zuviel erwarten sollte.

Auch wenn man zu der Erkenntnis gelangt, daß die individualistische, kämpferische Variante nicht (mehr) optimal ist, um unter den neuen Umständen erfolgreich zu sein, bedeutet das noch nicht, daß wir in den westlich geprägten Industrieländern uns mit einer Verhaltensänderung leichttun werden, daß sie uns liegt. Das hat zwei wesentliche Gründe: Zum einen hat die mehr kämpferische, konfliktbetonte und auf das Individuum ausgerichtete Verhaltensweise in unserem Kulturkreis eine sehr lange Tradition und ist vielleicht sogar genetisch festgelegt, zum anderen setzt sich das individuelle, aggressive Verhalten des einzelnen eher durch als kooperatives Verhalten, auch wenn es für die Gesellschaft insgesamt nicht vorteilhaft ist.

Kooperation erscheint in einer Zivilisation, die den »Macher« verehrt, als Zeichen von Schwäche, man arbeitet nur zusammen, wenn man es allein nicht schafft.

Tatsache aber ist: Man schafft es nicht allein, auch wenn es einigen gelingt, sich mit dem Mythos des Machers zu umgeben.

In Ermangelung von auf breiter Basis akzeptierten Werten ist der Wunsch nach Führung und Führerpersönlichkeiten als Garanten von Stabilität stark ausgeprägt. Besonders im amerikanischen Bereich wird die Sehnsucht nach »Leadership« deutlich, selbst liberale Publikationen wie *Time* können sich nur eine von Führungsnationen mit Führerpersönlichkeiten (d. h. den USA) geführte Welt als erstrebenswert vorstellen.

Vielfach scheint es so, daß eine neue technologische Entwicklung auch zwangsläufig eine positive Verhaltensänderung nach sich ziehen müsse.

Es ist reines Wunschdenken, wenn man hofft, daß die moralische Verantwortung der Menschen sich gewissermaßen automatisch erledigen wird. Das Sein, das heißt die materiellen Lebensumstände, ermöglicht zwar oft erst ein bestimmtes Bewußtsein, die Gesellschaft könne es sich leisten, in einer bestimmten Weise zu leben, die materiellen Lebensumstände zwingen sie aber keineswegs dazu.

Tatsache ist, daß moralische Weiterentwicklung aktiv betrieben werden muß und über alle technisch-organisatorischen Errungenschaften hinaus die eigentliche Zukunftsaufgabe ist. Die großen Leistungen der Zukunft müssen auf diesem Gebiet erbracht werden, auch wenn »erst das Fressen und dann die Moral« kommt – jedenfalls nach Meinung von Bertolt Brecht.

Eine wesentliche Aufgabe des Staates in der neuen Arbeitswelt wird darin bestehen, neue Rahmenbedingungen zu schaffen und die bestehenden so zu modifizieren, daß Virtual Corporations gefördert werden. Da diese ihrer Natur nach wenig strukturiert sind, ohne Hierarchien und Reglementierungen auskommen, kommt ein Staat mit ähnlichen Eigenschaften ihnen bei ihrer Entfaltung entgegen. Es ist leicht zu verstehen, daß Bürokratie, Reglementierung und Tausende von Verordnungen nicht das Umfeld sind, in dem eine Virtual Corporation gedeihen kann. Es wird für unsere verbürokratisierte Gesellschaft eine schicksalsentscheidende Frage sein, ob sie in der Lage sein wird, diese alten Verkrustungen und Strukturen aufzubrechen und sich neu zu organisieren. Die Beschränkung auf die »core competencies« und das Ideal von »lean and mean« gelten auch für den modernen Staat und nicht nur für das moderne Unternehmen.

Die Rolle der Parteien

»Alle Politik ist letztlich Lokalpolitik.« Dieser alte Grundsatz praktischer Politik bekommt durch die neue Arbeits- und Lebensweise der Selbstangestellten wieder eine neue Bedeutung.

Es ist nicht unbedingt die »elektronische Bürgerversammlung« des Ross Perot, die das politische Verhalten des Selbstangestellten im Informationszeitalter bestimmen wird. Dieser neue Typus von Arbeiter wird auch ein neuer Typus von Bürger sein. Man kann sagen, daß er eine postindustrielle Neufassung des liberalen Bürgers der vorindustriellen Zeit sein wird, aber mehr ein Vertreter der Pionierzeit als des Biedermeiers.

Durch seine typische Tätigkeit als Knowledge-Worker, seinen Arbeitsplatz in seiner Wohnung, seine Arbeitsweise in Cyberspace ist er nicht nur gut informiert, sondern auch darin geübt, sich schnell und effektiv über ein Thema zu informieren, seine Meinung zu verbreiten und in den Foren von Computernetzen zur Diskussion zu stellen. Es werden nicht zuletzt die neuen elektronischen Medien sein, die es den Cyberspace-Besuchern ermöglichen, ihre Meinungen und Wünsche zu den politischen Entscheidungsträgern zu transportieren.

Für den Politiker wird diese Einstellungsänderung in der Wählerschaft bedeuten, daß er wesentlich mehr als bisher die Nähe zu seiner Wählerschaft suchen muß. Für Entscheidungen des gewählten Politikers wird die Stimmung an seiner Wählerbasis, in seinem Wahlkreis wesentlich stärker ausschlaggebend sein als langfristige Parteiziele. Die zu beobachtende Tendenz zum Populismus wird sich verstärken, in den USA ist diese Entwicklung schon jetzt sehr ausgeprägt. Parteizugehörigkeit und Parteiloyalität spielen nur noch eine untergeordnete Rolle, das Abstimmungsverhalten richtet sich nach den Interessen des eigenen Wahlkreises, treffend als »pork barrelling« bezeichnet. Naisbitt sagt dazu: »Auf dem Capitol gedeiht der Individualismus. Es gibt gegenwärtig 553 Parteien im Kongreß.«

Die neuen Selbstangestellten werden in Zukunft vom administrativen und politischen Bereich weniger erwarten, als dies zur Zeit mächtiger Großorganisationen des Industriezeitalters üblich war. Es war ja nicht zuletzt diese Einsicht, nämlich daß die Politik ihre Versprechen nicht einlösen konnte, aufgrund deren der Selbstangestellte sich entschlossen hatte, sein beruflich-wirtschaftliches Schicksal, seine Arbeit und damit auch seine Lebensumstände in seine eigenen Hände zu nehmen. Der neue Selbstangestellte will sich damit nicht nur beruflich selbständig machen, sondern sich auch der immer stärker werdenden Beeinflussung durch Steuer- und Umverteilungspolitik entziehen.

Die Ansprüche an Politik und Verwaltung werden sich hauptsächlich auf den eigenen Lebensbereich konzentrieren, eine zunehmende Isolationspolitik im außenpolitischen Bereich und Entsolidarisierung mit anderen Bevölkerungsschichten sind als Folge dieser Entwicklung zu erwarten. Die Wünsche der Wählerschaft werden sich nach den vorangegangenen Enttäuschungen auf ein Minimum öffentlicher

Aktivitäten beschränken, besonders wenn diese mit Geldausgaben verbunden sind.

Der selbstangestellte und selbständige Bürger will seine Entscheidungen selbst fällen, Steuern werden von ihm nur akzeptiert, wenn ihre Verwendung deutlich ist und für den Betroffenen ein möglichst unmittelbarer Nutzen erkennbar ist. Politische Maßnahmen werden nur dann akzeptiert, wenn die Frage »Was nützt es mir bzw. uns?« befriedigend beantwortet werden kann.

Der Selbstangestellte wird sein Leben sehr viel stärker selbst gestalten müssen und wollen. Er wird nicht mehr darauf warten wollen, daß ihm jemand einen Job besorgt, er oder sie wird sich den Kindergartenplatz selbst organisieren und auch bezahlen. Die grundlegende Erkenntnis wird für den Selbstangestellten sein, daß er ohnehin nichts geschenkt bekommt, oder wie die amerikanische Redensart besagt: »There is no such thing as a free lunch.« Wenn man für einen Kindergartenplatz ohnehin über höhere Steuern und Gebühren letzten Endes selbst bezahlen und außerdem noch die dazu nötige Bürokratie unterhalten muß, warum dann nicht direkt bezahlen und damit auch seinen Einfluß als zahlender Kunde ausüben?

Die Parlamentarier werden durch die neuen Medien, besonders durch die Mailboxen und öffentlichen Datennetze, erheblich stärker der Kontrolle und der Beeinflussung durch die Wählerschaft ausgesetzt sein als bisher, und diese Beeinflussung wird mit der Verbreitung dieser Medien noch erheblich zunehmen. Kontrolle und starke Beeinflussung der Gewählten durch die Wähler, das hört sich beim ersten Eindruck für viele gut an, diese Entwicklung kann jedoch auch schnell negative Seiten annehmen. Durch diese ständige enge Kontrolle und die Möglichkeit, praktisch jederzeit sofort und mit geringem Aufwand an Initiative und Geld seine Ansichten den Parlamentariern zukommen zu lassen, werden diese noch weniger als bisher längerfristig orientierte politische Grundrichtungen vertreten, sondern vielmehr dem vermeintlichen Wunsch der Wählerschaft folgen. Es ist leicht möglich, daß die Willensbildung der gewählten Volksvertreter beeinflußt wird durch eine unbekannte und unkontrollierbare Aktion in Cyberspace, die ihrerseits einige hundert E-Mails oder Faxe bewirkt hat. *Time* widmete diesem Problem des »elektronischen Populismus« immerhin eine Titelgeschichte und bemerkte in diesem Zusammenhang, daß es in Washington entgegen weitverbreiteter Meinung eher zuviel als zuwenig Kontrolle von der Basis her gibt.[106] »Der Computer ist gewissermaßen der verlängerte Arm der einzelnen Bürger. Diese können mit seiner Hilfe die Regierung sehr viel effizienter kontrollieren, als die Regierung das Volk überwachen kann.«[107] In der »vor-elektronischen« Zeit bildeten schon die Entfernung und der Aufwand bei einer Meinungsäußerung eine natürliche Bremse bei Beeinflussungsversuchen von Abgeordneten durch ihre Wählerschaft. Heute spielen diese Faktoren kaum noch eine Rolle, Information und Reaktion erfolgen unmittelbar, der elektronische Brief an den Abgeordneten erfolgt gewissermaßen »im Vorübergehen«.

Gewerkschaften und Verbände

Der große Psychologe Machiavelli hat bereits darauf hingewiesen, daß immer alle diejenigen gegen Veränderungen sind, denen es unter den alten Verhältnissen gutgegangen ist.

Gewerkschaften gehören zu den klassischen Elementen der Industriegesellschaft, zu ihren Kernaufgaben zählt die Vertretung der Arbeitnehmer gegenüber den Arbeitgebern und anderen Institutionen und staatlichen Stellen. Die weiter reichenden Aufgaben im kulturellen und sozialen Bereich als »tragende Säule der Arbeiterbewegung« existieren heute praktisch nicht mehr, weil es keine »Arbeiterschaft« mehr gibt – sie war eine Kategorie aus der Anfangszeit der Industriegesellschaft.

In einer neuen Wirtschaftsform, die von Selbständigen, Halbselbständigen, Quasi-Selbständigen und Scheinselbständigen geprägt wird, in der man sich nicht sicher ist, ob jemand »intern« oder »extern« ist, wo diese Unterscheidung auch weitgehend an Bedeutung verloren hat, weil die Tätigkeiten projektbezogen und lösungsorientiert sind, wird die vielgeschmähte »Scheinselbständigkeit« zum Normalzustand.

Die Bedeutung der Gewerkschaften als Arbeitnehmervertretung hängt direkt vom Umfang der Arbeitnehmerschaft als Basis ihrer Mitgliederschaft ab. In einer Zeit, in der die Gewerkschaften ohnehin sehr stark an Einfluß verloren haben, werden sie einer weiteren Schwächung ihrer Basis und damit der Verringerung ihres Mitgliederpotentials nicht tatenlos zusehen.

Die Rolle der Gewerkschaften in einer neuen Arbeitswelt, die stark von Selbstangestellten geprägt ist, ist zweifelhaft. Theoretisch besteht zwar die Möglichkeit, daß die Gewerkschaften ihre Funktion neu definieren und die Interessen der neuen Selbstangestellten gewissermaßen als Nachfolger der Arbeiterschaft vertreten. Diese Variante ist aber kaum wahrscheinlich, weder die Gewerkschaften noch die Selbstangestellten werden diese neue Rolle akzeptieren. Es ist daher anzunehmen, daß die Gewerkschaften mit weiter schwindender Basis noch mehr an Bedeutung verlieren werden.

Es ist daher verständlich, daß die Gewerkschaften in erster Linie daran interessiert sind, daß die abhängig Beschäftigten auch in diesem Zustand bleiben; schließlich ist es ein natürlicher Selbsterhaltungstrieb auch von Organisationen, sich die Basis ihrer Existenz zu erhalten. Obwohl es sinnvoll wäre, besonders Langzeitarbeitslosen eine Selbstanstellung zu ermöglichen, und die dargestellten Projekte auch gezeigt haben, daß sich die Lage der Betroffenen dadurch erheblich verbessern würde, kommt diese Alternative für Gewerkschaften nicht in Betracht. Das gleiche gilt mit geringen Einschränkungen auch für die staatlichen Garanten des bestehenden sozialen Netzes.

Neben den Unternehmen, welche Virtual Corporations organisieren und welche die neuen Schaltzentren der wirtschaftlichen Aktivität sein werden, werden es Verbände sein, die den einzelnen Anbieter »marktfähig« machen. Die Aufgabe der Virtual Corporation ist es, ständig neue Kombinationen von Mitwirkenden zu ermöglichen. Die Mitgliedschaft in Verbänden wird daher für den Selbstangestellten der Zukunft sehr wichtig sein, weil er so fachliche und ethische Qualifikation nachweisen kann.

Die Selbstangestellten werden sich deshalb in Verbänden organisieren, weil diese als Lobby ihre Interessen gegenüber Gesetzgebung und Verwaltung vertreten. Neue und schon bestehende Interessenverbände werden neben den Handels- und Handwerkskammern eine große Rolle spielen.

Gesetzgebung und Steuern

Wie es zukünftigen Selbstangestellten tatsächlich ergehen wird, hängt ganz wesentlich von den gesetzlichen Rahmenbedingungen ab, d. h. davon, was Gesetze und Rechtsprechung als »faire« Verträge in diesem Bereich ansehen werden. Wichtig wird es auch sein, mit welchem Aufwand an Geld, Zeit und Bürokratie geeignete Unternehmensformen gegründet werden können und ob diese den neuen Anforderungen entsprechen werden. Nicht zuletzt wird eine neue Kartellgesetzgebung sich mit den zahlreichen, häufig auch internationalen Zusammenschlüssen befassen müssen. Weltweite Kooperationen, über elektronische Datennetze konstruiert, haben sich wieder aufgelöst, bevor sie zur Kenntnis von Behörden gelangt sind, wobei schon allein die Zuständigkeitsfrage erhebliche Probleme aufwerfen wird.

Ähnliche Probleme werden sich für den Staat im Bereich »Steuern« und »Zölle« ergeben, aber auch für andere Bereiche wie das Urheberrecht. Bei den immer stärker werdenden internationalen Verflechtungen auch kleinerer Unternehmen und einzelner Selbstangestellter im Rahmen von Virtual Corporations und der praktisch unkontrollierbaren Grenzüberschreitung wird es für staatliche Kontrolleure schwierig sein zu bestimmen, wo welcher Teil eines in Cyberspace erstellten Produktes entstanden ist. Wird zum Beispiel ein Computerprogramm per Post auf einem Datenträger wie etwa einer Diskette und mit beiliegender Rechnung aus dem Ausland eingeführt, wird dieses mit großer Sicherheit beim Postamt abgefangen und werden Zoll und andere Abgaben erhoben.

Wird der Auftrag jedoch in Cyberspace abgewickelt, haben weder der Fiskus noch andere Behörden Instrumente zur Verfügung, diese Transaktionen zu erfassen. Während der Import eines Autos aus den USA oder Japan nach Deutschland nur schwer am Zoll vorbei (d. h. geschmuggelt) erfolgen kann, ist der Import von Software-Produkten und von Informationen generell über das Datennetz praktisch unkontrollierbar. Das gleiche gilt auch für eine spezielle Form der Off-shore-Gesellschaft, die Daten verarbeitet und die verarbeiteten Daten zurücksendet oder weiterleitet, mit entsprechender Rechnung der Off-shore-Gesellschaft, wodurch der inländische Gewinn reduziert wird. Diese Firmen sind die Schaltzentren für die weltweite Abwicklung von Datenverarbeitungsaufträgen, sie sind deshalb auch eine »klassische« Form der Virtual Corporation. Besonders indische Unternehmen sind derzeit mit ihren qualifizierten Mitarbeitern und mit ihren nach westlichen Maßstäben sehr niedrigen Löhnen in dieser Art von Unternehmenskonstruktion vertreten.

Die zunehmende Selbständigkeit, die hohe inländische Steuerbelastung sowie der Bedarf an schnell zu gründenden und kostengünstig zu betreibenden Kapitalgesellschaften als passende juristische Form der Virtual Corporation werden wahrscheinlich zu einer erheblichen Zunahme von Off-shore-Gesellschaften führen. Eine solche Unternehmensform wird sich besonders dann anbieten, wenn die Aktivitäten der Virtual Corporation international gestreut sind.

Die Steuerbehörden würden einer wesentlichen Zunahme von Off-shore-Aktivitäten ihrer Steuerpflichtigen weitgehend hilflos gegenüberstehen. Zum einen ist das bestehende Steuerrecht den neuen Realitäten, wie sie durch international tätige Virtual Corporations entstehen, nicht gewachsen, zum anderen werden die Überprüfung einer größeren Anzahl von Selbständigen, ihrer Beteiligung an ausländischen Gesellschaften und die Bewertung internationaler Verträge die Steuerverwaltung in jeder Hinsicht überfordern.

Soziale Sicherung und die Welt der Virtual Corporation

Es wird in praktisch allen Industrienationen einschließlich der USA kaum bestritten, daß es im allgemein anerkannten Interesse der Gesellschaft liegt, daß das einzelne Gesellschaftsmitglied so lange wie möglich für sich selbst und seine Familie sorgt und Vorsorge für den Fall trifft, daß es dazu nicht mehr in der Lage sein sollte, also besonders für die Zeiten von Krankheit und Alter.

Das Interesse der Gesellschaft besteht also in beiden Fällen nur in einer Basisversorgung, zu der jeder mit einem Einkommen oder Vermögen verpflichtet ist und verpflichtet werden sollte. Nur sie kann in einer liberalen Gesellschaft von dem einzelnen erzwungen werden. Es muß aber jedem Mitglied der Gesellschaft in weitaus größerem Rahmen als bisher selbst überlassen bleiben, wie es seine soziale Absicherung gestalten will, ob durch eine Rentenversicherung, staatlich oder privat, durch eine Lebensversicherung, durch Anlage in geeignete Wertpapiere oder durch Kauf von Immobilien.

Die neuen Unternehmensformen, wie die Virtual Corporation, werden sich wesentlich stärker herkömmlichen Erfassungsmethoden entziehen, es wird deshalb für jedes staatliche Zwangsmitgliedschaftssystem der sozialen Sicherung schwierig werden, zahlende Mitglieder zu finden, wenn der Beitrag dazu einen erheblichen Teil des Einkommens ausmacht und die versprochenen Leistungen des Systems, wie zum Beispiel die Altersrente, in weiter Ferne liegen und es außerdem noch unsicher ist, ob sie überhaupt in der heute versprochenen Höhe gezahlt werden können. Wer heute im Alter zwischen 20 und 30 Jahren ist und in Europa in eine staatliche Rentenversicherung einzahlt, kann weder sicher sein, ob in seinem Rentenalter der Staat noch existieren wird, der dieses System betrieben hatte, noch ob die Währung existieren wird, in der er seine Beiträge eingezahlt hat. Was kommen wird, erscheint vielen heutigen Beitragszahlern ungewiß, einzig sicher erscheinen ihnen lediglich ihre Beitragsabzüge.

Das System der sozialen Sicherung beruht in seinen Grundlagen auf der Voraussetzung, daß sich die Mehrheit der Erwerbstätigen in einem festen Anstellungsverhältnis befindet und durch ihre Beiträge dieses System erhält. Es wird vom Arbeitslosen erwartet, daß er sich ergeben in sein Schicksal fügt und darauf wartet, wieder in die hergebrachte Welt der festen Arbeitsplätze aufgenommen zu werden, bevor er freiwillig auf einen Teil der sozialen Leistungen verzichtet, die Arbeitsanbieter so teuer und damit uninteressant gemacht haben.

Das staatliche Sozialversicherungssystem ging im Grunde immer von dem Bild des unmündigen Arbeiters aus, der am Ende der Woche seine Lohntüte erhält und in ständiger Gefahr ist, deren Inhalt zu vertrinken, und dem deshalb von einem patriarchalischen Staat seine

Altersvorsorge abgenommen werden muß. Das soziale System, wie es in Westeuropa entwickelt wurde, stammt aus der Zeit der industriellen Massenproduktion, es wird sich zusammen mit veralteten Managementstrukturen, politischem Zentralismus und den übrigen staatstragenden Institutionen an die Anforderungen der neuen Arbeits- und Lebenswelt anpassen müssen.

Die führenden Wirtschaftsnationen, besonders die europäischen, sind durch die Strukturen der industriellen Produktion gekennzeichnet, sie müssen sich entscheiden, ob sie sich den sich abzeichnenden Veränderungen stellen wollen. Das heißt, eigentlich haben sie nur die Wahl, sich rechtzeitig anzupassen oder sich auf das wirtschaftliche Altenteil zurückzuziehen und sich damit in die Bedeutungslosigkeit zu begeben. Wie in anderen Lebensbereichen auch, so haben hier die wirtschaftlich »jüngeren« Nationen den Vorteil, daß sie die Entwicklungen und Errungenschaften des Industriezeitalters nicht mit sich schleppen. So ist es leichter, ein neues System der sozialen Sicherung zu entwickeln, das den Anforderungen der Virtual Corporation entspricht, als zum Beispiel das hundert Jahre alte deutsche System grundlegend zu verändern.

Ein wesentliches Problem der staatlichen Sozialversicherung für den Selbstangestellten ist, daß er als Mitglied zwar ein Leben lang Beiträge zahlt, aber auch am Ende seines Arbeitslebens als praktisch vermögenslos gilt, weil er keinerlei direkte Verfügungsgewalt über das angesparte Kapital hat.

Während ein Selbständiger bei gleicher Sparleistung sich im Laufe seines Arbeitslebens ein Vermögen schafft, er damit kreditwürdig wird, dieses Vermögen gewinnbringend anlegen kann, bleibt das Sozialversicherungsmitglied faktisch vermögenslos. Diese Vermögenslosigkeit ist sogar erblich, denn anders als in Familien mit entsprechendem Kapitalvermögen erlischt der erworbene Rentenanspruch, die Vermögenskluft vergrößert sich über mehrere Generationen noch wesentlich. Dieses System hat gewollt oder ungewollt bewirkt, daß in Deutschland wie auch in anderen Ländern mit ähnlichen sozialen Systemen eine Änderung des Erwerbstätigenstatus kaum möglich ist. Damit ist gesichert, daß ein »Unselbständiger« immer das bleibt, was er war, nämlich unselbständig.

Es ist für manchen Betrachter befremdlich, wenn auch beeindrukkend zu sehen, mit welchem Aufwand dieses System des »lückenlosen sozialen Netzes» aufrechterhalten wird.

Das ganze Problem läßt sich auf die Kernfrage reduzieren: »Werden wir ein System der sozialen Sicherung haben, das zu unserer veränderten Arbeitswelt paßt – oder werden wir eine veraltete Arbeitswelt haben, weil sie gut zu unserem bestehenden Sozialsystem paßt?«

Das etablierte System der sozialen Sicherung ist auf die industrielle Arbeitswelt und den darin arbeitenden Festangestellten zugeschnitten. Dieses System, das im Grunde eine Versicherung auf Gegenseitigkeit darstellt, kann nur dann langfristig seine Aufgabe erfüllen, wenn über einen langen Zeitraum, d. h. 50 Jahre, hinweg genügend Mitglieder in dieser Versicherung sind, damit die jeweils fälligen Versicherungsleistungen erbracht werden können. Wenn man auch als Individuum über einen solchen Zeitraum hinweg Ersparnisse bilden kann, von denen man später zu zehren gedenkt, so ist das für eine Volkswirtschaft nicht so leicht möglich. Dort kann weitgehend nur von der laufenden Produktion gelebt werden, die einzige Möglichkeit für eine Volkswirtschaft, sich autonom auf die zukünftigen Anforderungen vorzubereiten, ist, für hinreichende wirtschaftliche Leistungsfähigkeit zu diesem Zeitpunkt zu sorgen.

Will man die wirtschaftliche Leistungsfähigkeit Deutschlands oder der Europäischen Union für diese kommenden Zeiten erhöhen, kann man nach dem bisher Gesagten nur zu dem Schluß kommen, daß nicht in den bisherigen starren Strukturen verharrt werden darf, weil die Entwicklung neuer wirtschaftlicher Organisationsformen einen wesentlichen Beitrag zur gesamtwirtschaftlichen Produktivität darstellt.

Der Trend zum Selbstangestellten wird besonders in Deutschland von den etablierten arbeitsmarktpolitischen Gruppen nicht gern gesehen, man spricht in diesem Zusammenhang von »Scheinselbständigkeit« und sieht diese Art der Selbstangestellten als billige Konkurrenz zu den Festangestellten sowie als eine Gefahr für das gesamte System der sozialen Sicherung an. Selbstgestellte als »Scheinselbständige« einzustufen und zu »Problemgruppen« zu erklären ist sicherlich fragwürdig. Man kann auch die Ansicht vertreten, daß diese Art der Selbständigkeit als Selbstangestellter eine wichtige Arbeitsform der Zukunft ist und daß feste, langfristige Anstellung die Ausnahmeform sein wird. Die neue, an Gewicht gewinnende Gruppe der Selbstangestellten ist also nicht unbedingt eine »Problemgruppe«, sie wird nur in einem System dazu gemacht, das für sie keinen Platz hat und auch keinen Platz finden will. »Problemgruppen« sind nach Ansicht von zukunftsorientierten Denkern wie Davidow und Malone nicht Menschen, die neue, zukunftsträchtige Wege beschreiten, sondern eher Politiker und Wissenschaftler, welche an überholten Organisationsmustern und Institutionen festhalten.[108]

Ausbildung

Es wird zwar allgemein angenommen, daß das Bildungs- bzw. Ausbildungsniveau sich weiter erhöhen wird, vielfach auch einfach mit der Begründung, daß es sich erhöhen muß, damit die jetzt führenden Wirtschaftsnationen auch weiterhin führend im internationalen Wettbewerb bleiben können. Es wird dabei aber zweierlei außer acht gelassen: erstens, daß auch das intellektuelle Potential unserer Gesellschaften sich erschöpft, und zweitens, daß auch bei konsequenter Anwendung des Peter-Prinzips, dem zufolge jeder bis zur Grenze seiner Fähigkeiten und noch etwas darüber hinaus ge- und befördert wird, es doch immer eine bestimmte Verteilung von intellektuellen Fähigkeiten in einer Bevölkerung gibt. Selbst wenn man es wollte, könnte man die Bevölkerung der derzeit führenden Wirtschaftsnationen nicht alle zu intellektuellen Hochleistern entwickeln, genausowenig, wie man durch vermehrtes Training alle zu Hochleistungssportlern machen könnte. Man wird sich auf diese Art nicht vor der gesellschaftlichen Verpflichtung drücken können, daß alle Mitglieder unserer Gesellschaft ein Anrecht auf eine wirtschaftlich und sozial akzeptable Existenz haben, wenn sie ihren Beitrag nach ihren Fähigkeiten leisten. Der vielfach gehörte Satz »Leistung muß sich lohnen« soll dabei seine Bedeutung nicht verlieren, wenn auch die Betonung auf dem ersten Wort und nicht auf dem letzten liegen sollte.

Auch wenn die Masse der heutigen Bevölkerung nach unseren Maßstäben wesentlich besser ausgebildet ist als die vergangener Jahrhunderte, so hat sich ihre durchschnittliche Intelligenz wahrscheinlich nicht erhöht, und es kann auch bezweifelt werden, daß die Menschen in den modernen Industrienationen mit den Anforderungen, die das Leben an sie stellt, besser fertig werden als ihre Vorfahren. Die verbesserte Ausbildung brauchen sie auch schon deshalb sehr dringend, um mit ihren selbstgemachten Problemen auch nur halbwegs fertig werden zu können.

An den Knowledge-Worker der Zukunft werden höhere Wissensanforderungen gestellt, nicht nur bezüglich der Wissensmenge, sondern auch an deren Aktualität. Das Wissen nimmt auf allen Gebieten exponentiell zu und veraltet auch entsprechend schnell.

Die grundlegende Strategie der Vergangenheit war, Vorräte anzulegen, Lagerhaltung zu betreiben und diese Vorräte dann zu verbrauchen, sowohl in der Produktion als auch in der Ausbildung. Die Strategien der Zukunft sind auf Anpassung und Schnelligkeit ausgerichtet. Information, Schulung oder Ausbildung – die Unterschiede verwischen sich, das Ausmaß der Information oder Schulung wird je nach Bedarf vom Anwender bestimmt. Neben der »Just-in-time«-Güterlieferung wird es eine »Just-in-time«-Ausbildung geben.

Die Tendenz in der Ausbildung geht immer mehr dahin, daß man sich nicht mehr zu Beginn seiner beruflichen Laufbahn einen möglichst dicken »Ausbildungsspeck« zulegt, von dem man den Rest seines Lebens zehrt, sondern mit einer Grundausstattung in das berufliche Leben eintritt und dann bis zum Ende seiner beruflichen Tätigkeit weiterlernt. Zu dieser Grundausstattung an (Aus-)Bildung gehört neben einer Fachausbildung die allgemeine Fähigkeit zum Problemlösen und kreativen Denken. Diese Fähigkeiten müssen in weit größerem Maße geschult werden als bisher.

Im Bürobau hat ein Umdenken eingesetzt, und man fragt sich, ob es wirklich noch sinnvoll ist, daß ein Mensch täglich zwei Stunden oder mehr seines Lebens damit verbringt, an seinen Arbeitsplatz zu fahren, und dort eine Arbeit erledigt, die er auch an seinem Wohnort hätte machen können. Man kann sich deshalb auch fragen, ob es noch sinnvoll ist, daß sich Studenten an Universitäten in überfüllten »Hör«-

Sälen »Vorlesungen« anhören. Diese mittelalterliche Art der Wissensdarstellung und -vermittlung ist im Zeitalter multimedialer Informationsübertragungen ökonomisch, ökologisch und pädagogisch nicht mehr zeitgemäß. Das gleiche gilt für die heutigen Bibliotheken: Es ist einfach nicht zeitgemäß, neue Bücher in gedruckter Form in großen Gebäuden aufzubewahren, ihre Stichworte auf Karteikarten oder Mikrofilm aufzuzeichnen und damit auf weiten Gebieten die wirklich interessanten Veröffentlichungen nicht zugänglich zu haben.

Wer heute effektiv recherchieren will und muß, beispielsweise als Journalist oder Buchautor, wird dies on line in Datenbanken machen. Er wird Nachrichtendienste verschiedener Gebiete abfragen und nur wenig Zeit in herkömmlichen Bibliotheken mit ihren meist veralteten und kaum erschlossenen Beständen verbringen.

So wie die Organisationsform der Arbeitsweise wesentlich die Höhe der Produktivität bestimmt, so ergibt sich auch die Produktivität des Knowledge-Workers aus seiner Fähigkeit, sich moderner Informationsquellen und Kommunikationsmittel zu bedienen. Leider wird er diese Techniken weder in der Schule noch auf einer Universität gelernt haben, so daß er nach modernen Maßstäben als eine Art »kultureller Analphabet« angesehen werden muß. Der Schaden, der durch diese mangelhaften Ausbildungsmethoden entsteht, ist fast unermeßlich.

Es ist die vorherrschende Meinung, zumindest die bei weitem vorherrschende veröffentlichte Meinung, daß man verstärkt in Ausbildung investieren müsse, daß die Ausbildung nach der Schule noch breiter werden müsse, damit eine erfolgreiche Behauptung in der Arbeitswelt gewährleistet sei. Studienzeiten werden nicht nur immer länger, häufig werden vor Beginn des Berufslebens auch mehrere Ausbildungen absolviert, in der Hoffnung, so bessere Berufschancen zu haben. Der Erfolg einer solchen Ausbildungsstrategie ist zweifelhaft, besonders für den Selbstangestellten der Zukunft.

Gefragt ist vielmehr eine Einstiegsausbildung, die neben einer fachlichen Grundausbildung besonders die Ausbildung in Techniken des Problemlösens, der Kooperation und des partnerschaftlichen Zusammenarbeitens vermittelt. Der Eintritt in die tatsächliche Arbeitswelt muß dagegen sehr viel früher stattfinden und durch ständige Weiterbildung den Gegebenheiten angepaßt werden.

Der Wirtschaftszweig der Ausbildung, Weiterbildung und Schulung nimmt an Umfang und Bedeutung zu, der Zwang zum lebenslangen Lernen sichert den Markt, die Art der Ausbildung wird sich dabei verändern, On line-Ausbildung und -Information bereitzustellen ist Big Business, die dabei entstehenden komplexen Aufgaben sind ein weites Betätigungsfeld für Virtual Corporations. Das Bildungswesen strebt weiter einer Privatisierung zu, der staatliche Anteil wird sich hauptsächlich auf die Schulbildung und die wissenschaftliche Ausbildung beschränken. Als Folge der neuen Arbeits- und Lebensweise ist in den USA schon ein Trend zu beobachten, daß immer mehr Menschen ihre Kinder aus öffentlichen Schulen nehmen und ihre Erziehung und Ausbildung selbst organisieren. Ein Milliardenmarkt für Nachhilfeunterricht deutet auch in Deutschland an, daß das staatliche Schulwesen seinen Aufgaben nicht gewachsen ist, und man muß befürchten, daß der Bürger nicht mehr lange der Ansicht sein wird, daß er für seine Steuern eine angemessene Gegenleistung bekommt.

Hochqualifizierte Tätigkeiten sind zwar der Motor wirtschaftlicher Entwicklung, aber Bildung, Ausbildung, Wissenschaft und Forschung können und werden nicht das Monopol der Industrieländer sein oder bleiben. Ausbildung und ausgebildete Menschen sind keine Spezialität westlich orientierter Länder (Südost- und Ostasien inklusive), sondern ausgebildete Wissenschaftler sind überall auf der Welt anzutreffen. Eine gewisse unterschwellige Vorstellung, daß die Bevölkerung der Industrieländer intellektuell dem Rest der Welt überlegen sei, ist mehr als fragwürdig und wird auch wissenschaftlich kaum unterstützt. Dadurch, daß Informationen und Schulung zu allen Themen ständig on line und damit weltweit zur Verfügung stehen, werden internationale Unterschiede im Bildungswesen und den nationalen Informationsquellen zunehmend bedeutungslos.

Auch die Bevölkerung in den Industrieländern braucht Tätigkeiten für alle Qualifikationsstufen, die Deutschen können nicht nur ein Volk der Dichter und Denker sein, nicht nur für den Akademiker müssen die Gelegenheit und der Arbeitsplatz vorhanden sein, die ihn ein integriertes und geachtetes Mitglied unserer Gesellschaft sein lassen.

So wie es eine internationale Angleichung der Produktionsverhältnisse gibt, wird dies auch im wissenschaftlich-technologischen Bereich erfolgen. Die Industrieländer müssen erkennen, daß das Potential für wissenschaftliche Spitzenforschung auch in anderen Ländern vorhanden ist, man sehe nur Indien und China. Wenn etwa Wissenschaftler chinesischer Abstammung in den USA hervorragende Leistungen erbringen, so besteht kein Grund zur Annahme, daß dies nicht auch von einem entsprechenden Anteil der Bevölkerung der Volksrepublik China erbracht werden könnte. Mathematiker, Programmierer oder Ingenieure kosten in Indien nur einen Bruchteil ihrer Kollegen in Deutschland, und schon bald wird nicht nur die Produktion von High-Tech in Schwellenländer verlagert, sondern auch deren Entwicklung und Konstruktion, zumal auch diese Tätigkeiten durch entsprechende Computerprogramme selber verstärkt automatisiert werden. Als Beispiel können computereditiertes Design, Computersimulationen sowie der Entwurf von Chips durch Computerprogramme genannt werden.

Ausbildung und Weiterbildung werden stark an Bedeutung zunehmen, die Universitätsausbildung wird dabei jedoch an Bedeutung verlieren, Fachschulausbildung und Schulungen werden dagegen wichtiger. Da die Aus- und Weiterbildung während des ganzen Arbeitslebens erfolgt, wird auch eine größere Zahl an Ausbildungsanbietern auf den Markt kommen. Ausbildung wird dabei auch vielfach on line über multimediafähige PCs erfolgen, so zum Beispiel über interaktive Computerprogramme. Die klassische Ausbildungsform, wo sich Menschen versammeln und einem Lehrer zuhören und dann eventuell gemeinsame Übungen durchführen, wird an Bedeutung verlieren. Viele Computerprogramme werden schon heute mit Tutorials ausgeliefert, in denen auf dem Computerbildschirm durch animierte Lernprogramme dem Benutzer die Anwendung des Programms vorgeführt wird. Dieser Trend wird sich, wie oben beschrieben, weiter fortsetzen, durch die verstärkte Multimediafähigkeit des modernen Computers werden die jetzt noch häufig mitgelieferten Videokassetten wegfallen. Die Möglichkeiten des interaktiven Spielfilms werden sicherlich auch in der Ausbildung Anwendung finden. On-line-Schulungen und Lehrprogramme werden mit Ausbreitung von Multimedia, d. h. der Anwendung von Wort, Bild, auch Video, und Ton, die Rolle klassischer Lehrmethoden übernehmen – nicht nur »Working-at-home«, sondern auch »Learning-at-home«.

Familie und Nachbarschaft

Die Menschen des postindustriellen Informationszeitalters werden den Mittelpunkt ihres Lebens wieder an ihren Wohnsitz verlagern. Dort werden sie nicht nur wie bisher ihre Freizeit verbringen, sondern auch einen erheblichen Teil ihrer Arbeitszeit. Sie werden sich deshalb für die politischen, sozialen und kulturellen Zustände an ihrem Wohnort noch mehr interessieren als bisher und auch aktiv an entsprechenden Veranstaltungen teilnehmen.

Es zeigt sich auch hier das schon häufig beobachtete Paradoxon, daß einerseits durch die neuen Informationsnetze Standorte, Grenzen und Zeitzonen viel von ihrer Bedeutung verlieren, aber gleichzeitig der Wohnsitz als tatsächlicher, realer Mittelpunkt in einem durch Virtuelle Welten geprägten Leben an Bedeutung gewinnt. Es wird die Realität der Nachbarschaft sein, des Zustandes der Straßen, der Einkaufssituation vor Ort, der Schulen, der kulturellen Einrichtungen, des Freizeitangebots, der Elternversammlungen und öffentlichen Bürgerversammlungen, die an Bedeutung gewinnen wird.

Die Tatsache, daß die Trennung von Arbeitswelt und Wohnwelt aufgehoben wurde, wird die unerwartete Wirkung haben, daß der Selbstangestellte sowohl im beruflichen wie im privaten Bereich vielfältigere direkte, persönliche Kontakte haben wird, zu neuen »Kollegen« und Kunden, als bei seiner früheren Arbeitsweise. Da diese auch nicht durch persönliche Kontakte gekennzeichnet war, denn diese Verbindungen wurden vom Büro aus gewöhnlich per Telefon und Telefax gehalten, werden die direkteren und wechselnden Beziehungen in der Virtual Corporation eine Verbesserung dieser Situation bedeuten.

Zu einem Zeitpunkt, wo in der postindustriellen Gesellschaft das Familienleben weitgehend vor seiner Auflösung steht, scheint in der Bevölkerung ein wachsendes Interesse an einem traditionellen Leben mit der Familie als Mittelpunkt wieder zu erwachen. In der politischen Debatte in den USA wird dieses Gefühl unter anderem durch die »family values« wieder betont, wobei es sich hier eigentlich um einen vagen, nicht näher definierten Begriff handelt, in dem ein romantisch-konservativer Zeitgeist zum Ausdruck kommt.

Durch die neu entstehende Arbeitswelt, in welcher die Wohnung als Arbeitsplatz wieder eine zentrale Rolle spielt, wird die Institution der Familie eine neue Chance bekommen, sich wiederzubeleben. Die Entwicklung der letzten zwanzig bis dreißig Jahre ist dahin gegangen, daß es heute kaum noch möglich ist, einen Mittelklasse-Lebensstil mit nur einem Verdiener im Haushalt aufrechtzuerhalten. Die frühere Rolle des Mannes als Einkommensbeschaffer der Familie ist längst dahin, nicht nur aus wirtschaftlicher Notwendigkeit, sondern auch durchaus gewollt als Ausdruck eines neuen, gleichberechtigten Lebensstils.

Durch die Möglichkeit, von seiner Wohnung aus als Basis seiner Tätigkeit als Selbstangestellter nachzugehen und damit seinen Tagesablauf selbständiger zu gestalten, werden auch die Möglichkeiten eines familiären Zusammenlebens zunehmen. Ob dabei die »Familie« der Zukunft die Kleinfamilie mit Mutter, Vater und Kind ist oder aber »das schwule Paar mit pflegebedürftiger Großmutter«, wie das Magazin *Der Spiegel* schrieb, sein wird, wird sich zeigen.

Die neuen Arbeitsformen werden auch neue Formen des Zusammenlebens ermöglichen. Die neuen Selbständigen sind nicht zuletzt deshalb selbständig geworden, um die Trennung zwischen Arbeitsleben und Privatleben aufzuheben. Eine Wiederbelebung des intensiveren Zusammenlebens der Menschen, ob in einer Familie oder in anderer Weise, wird möglich werden. Die neue Arbeitswelt ermöglicht es, daß sowohl Frau als auch Mann einer (oder wahrscheinlich mehreren) Erwerbstätigkeit(en) nachgehen können und dabei trotzdem wesentlich mehr als bisher die Möglichkeit haben, sich gemeinsam um ihre häuslichen Arbeiten und sonstigen gemeinsamen Aufgaben zu kümmern. Besonders besteht für Familien mit Kindern die Möglichkeit, daß beide Elternteile sich gemeinsam um die Betreuung der Kinder kümmern können. Seit langer Zeit wird es jetzt wenigstens von den Arbeitsbedingungen her für einen größeren Teil der arbeitenden Bevölkerung wieder möglich, Arbeit und Gemeinschaftsleben miteinander zu verbinden und nicht mehr gezwungen zu sein, einen großen Teil des Lebens von der Familie getrennt zu verbringen.

Eine weitere Folge der neuen Arbeitsweise von der Wohnung aus wird die Zunahme von Freizeitaktivitäten sein. Viele dieser Aktivitäten, die bei der herkömmlichen Arbeitsweise hauptsächlich nur an Wochenenden oder während der Ferien möglich waren, können wegen der größeren zur Verfügung stehenden Zeit auch in einen »normalen« Tag eingebaut werden.

Diese neue Lebensweise wird es mit sich bringen, daß nachbarschaftliche Kontakte wieder verstärkt gepflegt werden und darüber hinaus auch das allgemeine Interesse an kommunalen Belangen zunehmen wird. Dies schließt Vereinsleben, Ausstellungen und kulturelle Veranstaltungen ein. Neben professionellen Aufführungen wird es auch vermehrt Veranstaltungen von Amateuren geben, welche die Ergebnisse ihrer Arbeit der Öffentlichkeit vorstellen wollen. Die Zunahme des Interesses an künstlerischen Veranstaltungen wird auch von John Naisbitt als einer der zu erwartenden »Megatrends« angeführt, und die sich verändernden Arbeits- und Lebensumstände unterstützen diese Annahme. Entgegen allen kulturpessimistischen Visionen werden die Menschen auch in nächster Zukunft nicht nur vor ihren Monitoren sitzen und weder Zeitschriften noch Bücher lesen, es ist eher eine gegenteilige Entwicklung zu erwarten. Neben Informationen wird ein steigendes Interesse an intellektueller Unterhaltung zu erwarten sein.

Es ist eine weitverbreitete und allgemein wenig bestrittene Vorstellung, daß der Fernsehkonsum immer stärker zunimmt und andere Freizeitaktivitäten immer stärker in den Hintergrund drängt, besonders bei Kindern und Jugendlichen. Eine 1995 auf der TV 95 in Monte Carlo veröffentlichte Studie[109] des unabhängigen britischen Marktforschungsunternehmens Millward Brown International zeichnet jedoch ein anderes Bild, das auch mit der Vorhersage einiger Futurologen in Einklang steht. Der Kernsatz der Studie lautet, daß die Menschen zumindest in Großbritannien anfangen, weniger fernzusehen. In den letzten zwei Jahren ist der gesamte Fernsehkonsum um fast fünf Prozent zurückgegangen. Obwohl in England eine große Programmvielfalt angeboten wird, gaben 34 % der Zuschauer schlechte Programme als Grund für ihre Verhaltensänderung an. Was jedoch beeindruckt, ist, daß als weitere wichtige Motive aktive sportliche Betätigung, Lesen und der Besuch von Kinos genannt wurden. Die Untersuchung weist darauf hin, daß diese Tendenzen besonders bei jungen Leuten stark ausgeprägt sind.

Entgegen allen düsteren Zukunftsbildern von einer vor dem Bildschirm festgenagelten Menschheit sieht es tatsächlich so aus, als ob eine Verhaltensumkehr zu erwarten ist. Neue Arbeitsformen wie das selbständige Arbeiten von der Wohnung aus werden diesen Trend wahrscheinlich unterstützen.

Arbeitszeit

Die Arbeitsweise des Selbstangestellten von seiner Wohnung aus hebt zwar die strikte Trennung von Arbeit und Freizeit auf, doch darin liegt auch eine ihrer Hauptgefahren. Es gibt keinen Büroschluß mehr, und wenn man immer arbeiten kann, dann muß auch gearbeitet werden, der PC lauert immer einsatzbereit. Partner und Kunden in einer Virtual Corporation erwarten sofortige Lösungen, das ist die Essenz des künftigen Wirtschaftslebens: nicht billiger, sondern schneller. Es sind nicht nur der PC und das Modem, von denen dieser Terror ausgeht, sondern besonders das mobile Telefon hält nicht nur die ständige Verbindung zur Außenwelt, es kettet den Benutzer auch an seine Arbeitswelt.

Die schöne Vorstellung, daß man nur sein Handy dabeihaben muß und sich dann auf den Golfplatz, an den Strand oder auf den Berggipfel absetzen kann, findet schon bald ihren Dämpfer durch die Tatsache, daß man auch überall erreichbar ist, jederzeit. Kunden, Chefs, Geschäftspartner lassen es in Zukunft einfach nicht mehr gelten, daß man nicht zu erreichen ist.

Für den modernen Cyberspace-Arbeiter werden Begriffe wie »Feiertag« und »Urlaub« zu Worten aus einer fremden, vergangenen Zeit. Dies sind aber keine speziellen Gefahren, die durch neue Arbeitsformen wie die Virtual Corporations hervorgerufen werden, sondern

Folgen der »Durchtechnisierung« unseres Lebens, die uns förmlich überrollt hat und für die wir noch keine Verhaltensregeln, keine »Etikette«, entwickelt haben.

Der Selbständige von morgen

Ähnlich wie das Alltagsleben der Vergangenheit romantisiert wird, wird auch das Leben und Arbeiten in den Bürohäusern moderner Unternehmen, da es sich dem Ende nähert, gern verklärt dargestellt. Da gibt es kein Mobbing, keinen Tratsch, keine Verdächtigungen, keinen Neid, keine Intrigen, keinen Streß vom Chef – nur heitere Menschen, die sich gegenseitig intellektuell anregen, damit sie ihren interessanten Tätigkeiten in angenehmer Umgebung nachgehen können. Kein Wort mehr von täglich zwei Stunden Stau im Berufsverkehr.

Wie wird die Arbeitswelt des Selbstangestellten aussehen? Bei der Beantwortung dieser Frage sind zwei Punkte zu berücksichtigen: Die »reine« Variante der Virtual Corporation, in der unabhängige Selbstangestellte eine zeitlich begrenzte Verbindung ohne Hierarchie eingehen, um ein Projekt abzuwickeln, wird es nur selten geben. Sie verkörpert eine extreme, reine Vision, die sich häufig nicht als alltagstauglich erweisen wird, vergleichbar mit der Fiktion eines »vollkommenen Marktes« in der wirtschaftswissenschaftlichen Theorie.

Den Selbstangestellten der Zukunft wird es genausowenig geben, wie es heute »*den* mittleren Manager« gibt.

Der als »Knowledge-Worker« bezeichnete Wissensarbeiter der Zukunft wird in der Praxis meist in einem oder mehreren Netzwerken arbeiten, die entweder Virtual Corporations hervorbringen oder »schlafende« Virtual Corporations sind. Projekte werden gewöhnlich von diesen neuen Großunternehmen organisiert, die häufig nichts anderes sind als die Skelette heutiger Großunternehmen, entstanden durch konsequente Hungerkuren, als »Outsourcing« bezeichnet.

Da auch die Organisatoren von Virtual Corporations auf qualifizierte Mitarbeiter angewiesen sind, werden sie die Beziehungen zu guten Leuten pflegen. Die Unabhängigkeit der Unternehmen von festen Mitarbeitern hat als Kehrseite auch die Unabhängigkeit der Selbstangestellten zur Folge, sie werden gleichzeitig für mehrere Organisationen arbeiten und auch Einkommensquellen außerhalb der Virtual Corporations haben. Daneben werden sie je nach ihren Tätigkeitsgebieten auch eigene Projekte organisieren oder eigene Virtual Corporations bilden, die dann ihrerseits wieder an größeren Projekten teilnehmen.

Wie schon beschrieben, kann man die Virtual Corporations der Zukunft durchaus mit der Organisation von Bauprojekten der Gegenwart vergleichen. Der Selbstangestellte der Zukunft übernimmt die Rolle des wandernden Gesellen vergangener Tage, der von einem Projekt zum anderen zog und wegen seiner Qualifikation weder von der Funktion noch vom gesellschaftlichen Status her ein Tagelöhner war.

Durch die weitgehende Globalisierung des Marktes für Dienstleistungen kann der Druck auf den einzelnen Anbieter erheblich zunehmen. Wenn der Standort des Anbieters von Dienstleistungen und auch der Produktion an Wichtigkeit verliert, bedeutet das andererseits, daß im Extremfall weltweit um die Kunden gerungen werden muß. Wenn die Kommunikation zwischen Auftraggeber, Kunde und Produzent ohnehin nicht mehr persönlich, von Angesicht zu Angesicht stattfindet, sondern »on line« über Mailboxen und Bildtelefone, so kann man auch einen Programmierauftrag oder einen Designauftrag genausogut auf die andere Seite des Erdballs vergeben. Angebot und Nachfrage werden sich vielleicht insgesamt nicht erhöhen, doch bleibt abzuwarten, wie sich die Chancen des einzelnen Anbieters verändern werden. Netzwerke von Einzelanbietern werden die großen, internationalen Unternehmen der Zukunft sein. Für immer weniger Anbieter wird es als Qualifikation ausreichen, einfach räumlich nahe zu sein. Gremien, die über die Zugehörigkeit zu solchen Netzwerken oder anderen Organisationen bestimmen, werden großen Einfluß haben. Die gesellschaftliche, wirtschaftliche und letztlich auch politische Macht wird den Individuen oder Gruppen gehören, welche die Informationskanäle kontrollieren.

Zu allen Veränderungen und Neuerungen besonders im technischen Bereich gibt es stets zwei verschiedene Grundpositionen. Auf der einen Seite sind die Enthusiasten, die technischen Fortschritt als Lösung der Menschheitsprobleme begrüßen; auf der anderen Seite gilt es als »chic«, bei jeder technischen Neuerung die schlimmsten denkbaren Konsequenzen auszumalen, ob sie nun tatsächlich mit einiger Wahrscheinlichkeit zu erwarten sind oder nicht.

Die Gründe dafür sind, daß es medienwirksamer ist, extreme Annahmen zu machen und extreme, möglichst bedrohliche Szenarien zu entwerfen. Außerdem ist es für diese Propheten ökonomischer, weil erfolgversprechender, mit pessimistischen Weltuntergangsszenarien aufzuwarten. Wenn die gemachten Vorhersagen eintreffen, steht der Prophet als Held da und kann sagen: »Seht her – ich hab's gewußt!« Wenn die Entwicklung in gemäßigteren Bahnen verläuft, was meistens zu erwarten ist, werden diese Vorhersagen ohnehin unbeachtet bleiben. Es ist also nicht zu erwarten, daß die Menschheit zu computersüchtigen Idioten mutiert, genausowenig, wie es wahrscheinlich ist, daß die Selbstangestellten der Zukunft als Tagelöhner in Cyberspace vegetieren werden. Man kann vielmehr annehmen, daß mit der größeren Unabhängigkeit auch wieder mehr die Initiative des einzelnen gefordert wird, besonders die ständige Bereitschaft, seine Tätigkeiten und Kenntnisse den Anforderungen der Kunden anzupassen.

Der Selbstangestellte von morgen, der von seiner Wohnung aus mit seinen Kollegen und Kunden durch neue Kommunikationsmedien sehr viel intensiver verbunden ist als bisher, wird zwar nicht mehr die Sicherheit haben, die sein heute festangestellter Kollege (noch) hat, es ist aber die Frage, ob er sie überhaupt haben will. Wird er in Zukunft noch bereit sein, diesen hohen Preis dafür zu zahlen, der uns heute zwar auch stört, der uns aber noch unvermeidbar erscheint? Es ist wahrscheinlich, daß er sich an seine neue Freiheit sehr schnell gewöhnt und das, was uns heute als erschreckend erscheint, als Teil seines Lebens ansieht, mit dem er umzugehen gelernt hat. Er wird nicht das triste Leben eines Tagelöhners führen, wahrscheinlich eher das neue Leben in einer Gemeinschaft von Sammlern und Jägern, die einen großen Teil ihrer Jagdgründe in Cyberspace haben, aber doch in der realen Welt leben.

Schlußbemerkung

Unsere Arbeitswelt wird sich ganz offensichtlich sehr verändern, und es wird weitgehend nicht die Frage sein, ob wir das wollen oder nicht. Unsere Chancen bestehen darin, daß wir uns auf die neue Situation einstellen und vielleicht diesmal die Möglichkeiten nutzen, die uns der technische Fortschritt eröffnet, um unsere Welt zu verbessern. Ganz sicher ist, daß wir uns aktiv darum bemühen müssen – technischer Fortschritt allein hat uns noch nie zu besseren Menschen gemacht. Die Richtung hat schon Erich Kästner mit seinem Ausspruch gewiesen: »Es gibt nichts Gutes, außer man tut es.«

Statt eines Literaturverzeichnisses

Statt einer der üblichen Auflistungen von Buchtiteln möchte ich dem interessierten Leser die »Quelle der Quellen« verraten.

Zum Themengebiet »Virtual Corporation» ist mir bisher nur das oft zitierte Buch von Davidow/Malone bekannt, auch zu den Themenkreisen »Selbstangestellte« und »Working-From-Home« sind mir keine speziellen Bücher bekannt. Interessenten kann man raten, sich über Datenbanken und Diskussionsforen zu informieren, die Suche in Bibliotheken ist dagegen nicht sehr erfolgversprechend. Ob als neuer Selbstangestellter der Zukunft oder als informationshungriger Mensch der Gegenwart – mein Rat ist: Gehen Sie on line!

Dem Einsteiger können folgende Foren und On-line-Archive empfohlen werden, der Fortgeschrittene wird in den Weiten von Internet forschen:

CompuServe

Working-From-Home-Forum (go work)
Deutsches Forum (go gernet)
Europäisches Forum (go tweuro)

Zeitschriften-Datenbanken, kommerziell, nicht ganz billig, aber effektiv. Quellen können nach Stichwörtern ausfindig gemacht werden, mit Kurzfassung, meist kann der Artikel ganz on line »downgeloadet» werden:

IQUEST: Sucht in über 800 Datenbanken nach geeigneten Informationen.

Knowledge-Index (go ki): Abfrage einer Unzahl von Zeitungen und Zeitschriften nach Schlagwörtern.

Magazine Database Plus (go magdb)

Business Database Plus (go busdb)

Spiegel, mit On-line-Recherche (auch über Datex-J)

Datex-J

Über Datex-J (früher BTX) sind unter anderem gleichfalls zu erreichen:

Publikationen der Verlagsgruppe Gruner + Jahr, darunter Capital, impulse, stern

Frankfurter Allgemeine Zeitung mit »Blick durch die Wirtschaft« und Neue Zürcher Zeitung

Über die Genios-Wirtschaftsdatenbanken sind u. a. erreichbar:

Frankfurter Rundschau
Handelsblatt
Wirtschaftswoche
Süddeutsche Zeitung

Anmerkungen

1 George Church: »Jobs in an Age of Insecurity«, *Time*, 47/93, S. 29.
2 William H. Davidow und Michael S. Malone: Das virtuelle Unternehmen, Frankfurt/M. / New York 1993 (nachfolgend kurz als »Davidow/Malone: VU« bezeichnet).
3 Armin Ziegler: Deutschland 2000, 3. Aufl., Düsseldorf 1993, S. 69.
4 Ebd., S. 70.
5 Ebd., S. 73.
6 Joshua Jampol: »Facing up to the value videoconferences«, *The European*, 10.–16. 3. 1995, S. 30.
7 Kathleen Christensen: »Working at Home: Frameworks of Meaning«, in: Women and the Environment, Vol. 13 of Series on Human Behavior and Environment, New York 1993.
8 »The State of the Union«, *Time*, 6. 2. 1995, S. 43.
9 Der Begriff stammt von Alfred Chandler: The Visible Hand, Boston 1977.
10 Davidow/Malone: VU, S. 205
11 Ebd. VU, S. 30.
12 Das Konzert der Totalen Qualitätskontrolle (Total Quality Control, TQC) wurde von dem Amerikaner W. Edwards Deming theoretisch begründet, aber zuerst in Japan praktisch und mit großem Erfolg eingesetzt.
13 Davidow/Malone: VU, S. 207.
14 ebd., S. 209.
15 Vgl. unter anderem Stephen R. Covey: Die effektive Führungspersönlichkeit (Management by principles), Frankfurt/M. 1993. Dieses Werk erhält im Hinblick auf die Virtual Corporation zusätzliche Bedeutung, da es praktische Möglichkeiten aufzeigt, komplexe Organisationen mit geringer Hierarchie-Tiefe zu lenken.
16 Davidow/Malone: VU, S. 211.
17 Dazu u. a. William Davidow und Bro Uttal: Service total, 3. Aufl. Frankfurt/M. / New York 1992.
18 ebd.
19 Armin Ziegler, a.a.O., S. 126.
20 Tom Peters: Liberation Management, London 1992.

21 *Time*, 47/93, S. 29.
22 Richard C. Marcus, zitiert in: *Business Week*, 8. 2. 1993, S. 38.
23 Davidow/Malone: VU, S. 190.
24 *Time*, a.a.O.
25 Davidow/Malone: VU, S. 186ff.
26 Armin Ziegler, a.a.O., S. 104.
27 G. Church, a.a.O., S. 30.
28 Ebd., S. 112.
29 Die Trennung zwischen Gütern und Dienstleistungen folgt einem allgemeinen Sprachgebrauch, im wissenschaftlichen Sinn sind materielle Produkte und Dienstleistungen beide ökonomische Güter, sobald sie einen positiven Grenznutzen für den Konsumenten haben.
30 Davidow/Malone: VU, S. 21.
31 Ebd., S. 20ff.
32 Ebd., S. 160.
33 Wolfgang Reitzle: »Die neue Rolle der Arbeitgeber«, in: Alfred Herrhausen Gesellschaft (Hrsg.): Arbeit der Zukunft, Zukunft der Arbeit, Stuttgart 1994, S. 220.
34 ebd.
35 Davidow/Malone: VU, S. 161.
36 ebd., S. 194ff.
37 *Time*, 27. 2. 1995, S. 47.
38 Susan Greenwald: The Non-Territorial Office: A Pilot-Study, Studie des Chicago Institute for The Study of Architecture & Technology, Inc. (o. J.) (nachfolgend als »Greenwald: Office« zitiert).
39 Davidow/Malone: VU.
40 Ebd., S. 159.
41 Ebd.
42 Armin Ziegler, a.a.O., S. 134.
43 Davidow/Malone: VU, u. a. S. 12f.
44 Ebd., S. 161.
45 John A. Byrne: »The Virtual Corporation«, *Business Week*, 8. 2. 1993, S. 36ff.
46 Davidow/Malone: VU.
47 Georg Göbel: »Mobiles Arbeiten setzt die passenden Verbindungen voraus«, *PC-Magazin*, 47/1994, S. 50.
48 J. A. Bynre, a.a.O.
49 *Make It On Your Own*, März 1993, Newsletter, Paul u. Sarah Edwards (Hrsg.), nachfolgend auch *Makeit* genannt. Der Newsletter wird über das Working-From-Home-Forum in CompuServe verbreitet. Dieses Forum ist eines der Zentren der Diskussion über das Konzept der Virtual Corporation. Interessenten sollten diese Foren aufsuchen.
50 Zu diesem Thema: Stephen Covey, a.a.O.

51 *Makeit*, a.a.O.
52 Nolo Press, Berkeley, CA.
53 *Makeit*, April/Mai 1993.
54 Davidow/Malone: VU, S. 30.
55 J. Brockmann (Die Geburt der Zukunft, Bern 1987) verweist unter der Überschrift »Kooperation ist alles« (S. 156ff.) auf die Veröffentlichung von Lynn Margulis: Symbiosis and Cell Evolution, San Francisco 1981.
56 Eine gründliche und doch auch für den Nicht-Mathematiker leicht verständliche Darstellung der Steuerung von komplexen Systemen findet man bei W. R. Ashby: An Introduction to Cybernetics, London 1970 (dt. Frankfurt/M. 1974, zum Thema: Komplexitätsreduktion, leider im Buchhandel vergriffen).
57 Davidow/Malone: VU, S. 48.
58 Ebd., S. 194ff.
59 Ebd., S. 201ff.
60 H. T. Goranson: »Toward a Focused Program in Support oft the Virtual Enterprise« (Stand 6. Juni 1994), über Internet verbreitet (goranson@ISI.EDU)
61 Davidow/Malone: VU, S. 31.
62 Ebd., S. 186.
63 Ebd., S. 184.
64 Greenwald: Office, a.a.O.
65 Ziegler, a.a.O., S. 293.
66 Zu diesem Thema z. B. Ashby, a.a.O.
67 Davidow/Malone: VU, S. 103.
68 A. Ziegler, a.a.O., S. 123, 128.
69 Goranson, a.a.O.
70 *Makeit*, Januar 1993.
71 D. L. Boone im CompuServe Work-Forum.
72 Meinhard Miegel: Diskussionsbeitrag in: Arbeit der Zukunft..., a.a.O., S. 133.
73 *Makeit*.
74 Davidow/Malone: VU, S. 218.
75 Paul u. Sarah Edwards: »List of Best Home Businesses for 1993«, Work-Forum CompuServe.
76 Siehe dazu auch den Abschnitt über »Ausbildung«.
77 »Self-Employment is on the rise world-wide», *Makeit* 9–10/92.
78 Quelle: Statistisches Bundesamt.
79 *Makeit*, August 1992.
80 *Makeit*, 9–10/92.
81 Tom Peters, zitiert nach *Time*, 47/93, S. 30.
82 *Makeit*, August 1992.
83 Goranson, a.a.O.
84 *Makeit*, Januar 1993.

85 Armin Ziegler, a.a.O.
86 *Makeit*, November 1992.
87 *Makeit*, August 1992.
88 Nach Sarah u. Paul Edwards, *Makeit*.
89 David Birch, a.a.O., S. 30.
90 Zitiert nach *Time*, 47/93, S. 30.
91 Davidow/Malone nennen für die USA vier Wanderungsbewegungen, zwei davon sind jedoch nur für die Besiedlung der USA typisch.
92 US Bureau of Census, nach *Makeit*.
93 Cathryn Conroy: »Working Your Way in the Alternative Office«, *CompuServe Magazine*, Feb. 1995, S. 10ff.
94 Armin Ziegler, a.a.O.
95 Susan Greenwald: Office, a.a.O.
96 Steve Ashley, AT&T Executive Information Systems.
97 Greenwald: Office, a.a.O.
98 Ebd.
99 Ebd.
100 Clive Brenson: »How New York Developers are rebuilding confidence«, *The European*, 25. 11.–1. 12. 1994.
101 Greenwald: Office, a.a.O.
102 Ebd.
103 Naisbitt u. a.: Megatrends 2000, a.a.O., S. 384.
104 Die nachfolgende Darstellung beruht auf dem Artikel von Cliff Jones: »Running the culture ministry from a home office«, *The European Magazine*, No. 253.
105 Eine absolute Zahl wurde leider nicht genannt.
106 »Wired Democracy«, *Time*, 23. 1. 1995.
107 Naisbitt u. a.: Megatrends, a.a.O., S. 293.
108 Davidow/Malone: VU.
109 David Short: »Viewers send a message via the off-button«, *The European*, 10.–16. März 1995, S. 23.

Wirtschaft

Herausgegeben von Bert Rürup

Horst Biallo
Die Doktormacher
Namen und Adressen, Preise und Verträge, Behörden und Betrogene, Gesetze und Strafen
Band 13025

Herm. Bössenecker
Geldhäuser im Zwielicht
Das Sündenregister der Banken
Band 13466

Jürgen Borchert
Renten vor dem Absturz
Ist der Sozialstaat am Ende? Bd. 11624

Amitai Etzioni
Die faire Gesellschaft
Jenseits von Sozialismus und Kapitalismus. Band 12537

Christian Fälschle
Kursbuch Finanzen
Zum Umgang mit Geld und Vermögen
Band 12360
Kursbuch Globus 2000
Die Kapitalmärkte von morgen
Band 12838

Peter Fischer
Die Selbständigen von morgen
Unternehmer oder Tagelöhner?
Band 13469

Jeffrey E. Garten
Der kalte Frieden
Amerika, Japan und Deutschland im Wettstreit um die Hegemonie
Band 12600

Jürgen Gaulke
Kursbuch Altersvorsorge
Band 12361
Kursbuch Baufinanzierung
Band 13354
Kursbuch Spekulation
Band 11682
Kursbuch Immobilien als Kapitalanlage
Richtig kaufen, finanzieren, vermieten. Band 12944
Kursbuch Versicherung 96/97
Risikovorsorge auf dem Prüfstand
Band 13355

K. Handschuch
D-Mark ade!
Das Maastricher Experiment
Band 11611

Fischer Taschenbuch Verlag

fi 1362 / 12 a

Stiftung Entwicklung und Frieden

Globale Trends 1996

Daten zur Weltentwicklung

Herausgegeben von Ingomar Hauchler

Band 12941

Die *Globalen Trends* sind eine konzeptionell neue Antwort auf die wachsende Komplexität und Interdependenz der Weltprobleme. Gestützt auf die Fülle international verfügbarer wissenschaftlicher Daten und Erkenntnisse werden Entwicklungen von vitaler Bedeutung für die Menschen in allen Teilen der Welt dokumentiert und analysiert. Ursachen, Folgen und Wechselwirkungen werden deutlich, sie führen zu Projektionen in die Zukunft und zu Schlußfolgerungen für die Praxis der internationalen Politik, aber auch für das Verhalten der Menschen in allen Gesellschaften. Das Buch leistet einen Beitrag zu dem wachsenden Bemühen, das Bewußtsein für die *eine* Welt zu schärfen und Politik in globaler Verantwortung auf allen Feldern durchzusetzen. Das Institut für Entwicklung und Frieden (INEF) der Universität Duisburg hat in enger Kooperation mit der Stiftung Entwicklung und Frieden wissenschaftliche Grundlagen für dieses Buch erarbeitet.

Fischer Taschenbuch Verlag

fi 5011 / 3

Worldwatch Institute Report

Zur Lage der Welt 1997

Konzepte für das Überleben unseres Planeten

Herausgegeben vom Worldwatch Institute

Band 13483

Seit 1987 erscheint die deutsche Fassung des Worldwatch Institute Reports und ist zu einer festen Größe in der umweltpolitischen Diskussion geworden. Die globale Sichtweise, mit der Fakten und Zahlen aus allen Teilen der Erde analysiert werden, vermittelt auf anschauliche Weise, daß der Umweltzerstörung nur durch gemeinsame Anstrengungen aller begegnet werden kann. Die einzelnen Beiträge, die sich von Jahr zu Jahr mit anderen Themen beschäftigen, zeigen darüber hinaus, daß eine Umweltpolitik ohne Berücksichtigung der sozialen Komponente keine Zukunft hat. Es gilt, auf eine nachhaltig umweltverträgliche Entwicklung hinzuarbeiten, die nicht – wie häufig behauptet wird – Arbeitsplätze vernichtet, sondern neue schafft. Und es gilt, einen neuen Konsens zwischen Industrie- und Entwicklungsländern zu schaffen, um Probleme wie Überbevölkerung, Armut, Bürgerkriege, die weltweit zu 23 Millionen Flüchtlingen geführt haben, gemeinsam zu lösen. Der Worldwatch Institute Report nennt all diese Dinge beim Namen, die wir ändern müssen, wir Verbraucher, wir Unternehmer, wir Politiker.

Fischer Taschenbuch Verlag

fi 5009 / 3